La uniformidad de los batallones *Schuma* bálticos fue muy variable y variopinta, sobre todo en los primeros meses de existencia de estas unidades. A partir de 1943 se entregaron uniformes de policía alemana, que los estonios –en nuestro caso– decoraban con su escudo nacional en el brazo. En la imagen, un *Oberwachtmeisster* estonio.

Arriba. El jefe del 39ª Batallón «*Schuma*», *Major* Aleksander Sobolev (izquierda), junto a su ayudante, el *leutnant* Kivastik. Ambos visten uniforme del *Heer*, llevando en su pecho la cinta de la Medalla al Valor para los Miembros de los Pueblos del Este; Sobolev de la variante en plata, y Kivastik, en bronce. Es curioso observar que Sobolev lleva cosida en el pecho un águila de la variante de tropa, mientras Kivastik la lleva de mejor calidad, bordada en hilo de plata para oficiales.

Entre enero y agosto de 1942 se formaron otros seis batallones (*Schutzmannschafts-Bataillone*) estonios, numerados en este caso entre el 30º y el 35º, ambos inclusive, destinados todos ellos a desplegarse en Estonia como unidades de vigilancia y entrenamiento, algo que a la postre no se cumpliría, pues casi todos ellos fueron enviados a combatir frente al enemigo en algún momento de su corta pero intensa vida. Todos serían disueltos antes de finalizar el conflicto, pasando sus hombres a otros batallones.

Los batallones *Schutzmannschaft* 30º y 35º se planificaron como unidades de entrenamiento; el 35º fue enviado al frente de Leningrado en abril de 1942 con muy pocos efectivos, disolviéndose ese mismo mes, pasando sus hombres al 33º Batallón. El 30º Batallón acudió al frente de Narva en enero de 1943, combatiendo hasta junio de 1944, fecha en la que se disolvería, integrándose sus mermados efectivos en el 40º Batallón.

DESERCIÓN DE LOS JEFES DE LOS BATALLONES «SCHUMA» 29º Y 33º

A pesar de la promesa alemana de no enviar las unidades al frente, los batallones «*Schuma*» 29º y 33º marcharon a Leningrado en marzo de 1942, siendo integrados en la defensa costera, y dependiendo del 18º Ejército. Los jefes de los batallones estonios eran el mayor Johann Peikeri y el capitán Voldemar Pärlin, respectivamente. En el otoño de 1942, viajaron a Tallin para exigir la retirada del frente de sus batallones, mal entrenados y peor armados. Las autoridades militares alemanas de ocupación consideraron la actitud de ambos comandantes como deserción, juzgando y degradando a ambos jefes a soldados rasos y enviándolos al Frente del Vóljov. En 1943 ambos escaparon a Finlandia y en febrero de 1944 fueron puestos al mando de los dos batallones del Regimiento JR 200, formado por soldados estonios. Tras la firma de tratado de paz entre Finlandia y la URSS, la mayoría de los miembros del JR 200 volvieron a Estonia, y ambos oficiales se integrarían en la 20ª División de Granaderos *Waffen SS* con sus empleos militares anteriores a la degradación.

HJALMAR MAE, JEFE DEL AUTOGOBIERNO DE ESTONIA

Hjalmar Johann Mae nació el 11 de octubre de 1901 en Tuhala (condado de Harju). Estudió Filosofía, Matemáticas y Física en las universidades de Berlín, Viena e Innsbruck; y Derecho en las universidades de Viena y Graz. En 1927 se doctoró en Filosofía en la Universidad de Innsbruck y en 1930, en Ciencias Políticas y Derecho Constitucional en la Universidad de Graz. Ejerció como profesor en escuelas de secundaria de Estonia entre 1920 y 1924, en materias como Matemáticas, Física y Cosmografía. Desde 1929 Mae se dedicó a la política, siendo concejal en la ciudad de Nomme, jefe de propaganda de la Liga de Defensa y presidente de la Asociación Nacional de Radio de Estonia, entre otras ocupaciones. El partido en que militaba, Partido de Comerciantes, Industriales y Propietarios, se integró en el llamado Partido de Centro Nacional (RKE), liderado por Jaan Tonisson, figura prominente del nacionalismo moderado estonio y jefe de gobierno en varias ocasiones. Pero el futuro de Mae en el partido se torció cuando renunció a todos sus cargos como protesta por la violación por parte de Tonisson, de la Ley de Referendum y de la propia Constitución, pasando a militar en el Movimiento de los Luchadores por la Libertad (EVL), la fuerza política más popular en Estonia a finales de 1933 y principios de 1934. Artur Sirk, el carismático líder del movimiento esperaba llegar al poder de forma legal, mediante elecciones presidenciales y parlamentarias. El 12 de marzo de 1934, Konstantin Päts, entonces jefe del gobierno, dio un golpe de estado, ilegalizó a los Luchadores por la Libertad y encarceló a muchos de sus dirigentes, entre ellos a Hjalmar Mae. En 1938, en virtud de una ley de amnistía, fue liberado de prisión, dedicándose a varios negocios. En 1941 marchó a Alemania como «alemán báltico» usando documentos falsificados, viajando luego a Helsinki (Finlandia) donde organizó en llamado Comité para la Liberación de Estonia. Al desencadenarse «Barbarroja», Mae fue nombrado asesor para cuestiones estonias del mando alemán, y tras la ocupación alemana del país, el general Von Roques, jefe de la retaguardia del Grupo de Ejércitos Norte, autorizó el Autogobierno de Estonia, siendo Mae el más caracterizado de los responsables de dicha institución. El 18 de septiembre de 1944, Mae partió en barco a Dantzig, y de allí, a Austria. El 4 de enero de 1945 fue relevado del cargo de jefe del Autogobierno de Estonia. Tras la guerra, Mae fue arrestado y pasó por varios campos de prisioneros, siendo liberado a principios de 1947. Entre 1947 y 1978 vivió y trabajó en Austria, jubilándose en 1970. Falleció el 10 de abril de 1978 en la ciudad de Graz (Austria), a los 77 años de edad.

BATALLONES «SCHUMA» ESTONIOS FORMADOS EN 1942

BATALLÓN	ORGANIZADO	TRANSFORMADO EN:	FECHA
30º(E) «Schuma» Bataillon	Agosto 42 (Tallin)	30º Batallón de Policía	Dic. 43
31º(W) «Schuma» Bataillon	Verano 42 (Rakvere)	31º Batallón de Policía	Dic. 43
32º(W) «Schuma» Bataillon	Verano 42 (Rakvere)	32º Batallón de Policía.	Dic. 43
33º(W/F) «Schuma» Bataillon	Enero 42 (Tartu/Viljandi)	Disuelto	Feb. 43
34º(W) «Schuma» Bataillon	Principios 42 (Voru/Valga)	Disuelto	Mayo 42
35º(E) «Schuma» Bataillon	Enero 42 (Pärnu)	Disuelto	Abril 42

El 33º Batallón se formó en Tartu a principios de 1942, y fue enviado al frente de Leningrado prematuramente, y disolviéndose poco más de un año después de su constitución. El 34ª Batallón, que prestó servicio de protección a diversas unidades de la Organización «Todt» en el sector de Pskov, no llegaría a completar su dotación y se disolvió antes de cumplir cinco meses de vida sin llegar a realizar operaciones militares de interés.

Los batallones 31º y 32º siguieron ambos similar patrón y los mismos pasos, en la retaguardia primero y después en el frente, terminando su vida operativa en junio de 1944, en el frente de Narva, disolviéndose en aquellas fechas y entregando su personal superviviente a los batallones 37º, 38º y 40º.

En febrero y marzo de 1943, se volvieron a organizar cinco batallones Schutzmannschaft que se habían disuelto en fechas inmediatamente anteriores: todos volverían a ostentar su antiguo numeral, siendo éstos los 29º, 33º, 34º, 35º y 36º, sobreviviendo todos ellos –excepto el 36º–, por lo menos, un año más. En la primavera de este mismo año se crearían otros tres batallones Schutzmannschaft estonios, que serían los numerados 286º, 287º y 288º. El primero y el tercero combatirían en la lucha antipartisana en Rusia, Polonia y Lituania, y acudirían al frente de

Soldado estonio de un batallón Schutzmannschaft. No lleva el águila de la policía en la gorra; tampoco lleva parches de cuello. Porta las cintas de la EK-II y la medalla del primer invierno. Curiosamente, lleva la EK-II en el bolsillo prendida, como si fuera una EK-I.

Juhan Tuuling era coronel del ejército estonio en 1940. En esta foto viste uniforme de las unidades de policía alemana, aunque curiosamente, las hombreras que lleva este uniforme son del empleo de *Wachtmeister* con más de cuatro años de servicio (policía raso). Posteriormente mandaría el 43º Regimiento de Voluntarios SS (más tarde reconvertido en 46º Regimiento de Granaderos SS) de la 20ª División de Granaderos SS (Estonia nº 1).

Narva a principios de 1944, perdiéndoseles la pista a ambos en ese lugar a partir de septiembre de ese año. El 287º Batallón prestó servicios de vigilancia en campos de prisioneros hasta septiembre de 1944, momento en el que fue enviado a Alemania por vía marítima, integrándose en la 20ª División de Granaderos SS (Estonia nº 1).

Ya a comienzos de 1944, cuando todos los batallones *Schutzmannschaft* estonios supervivientes habían cambiado su denominación, pasando a ser Batallones de Policía –esto ocurrió en mayo de 1943–, se organizaron otras cuatro unidades –las últimas de esta clase–, denominadas en esta ocasión como 289º, 290º, 291º y 292º Batallones de Policía. Estas unidades fueron destinadas a la defensa costera en las proximidades del lago Peipus, participando, por lo menos tres de ellas, en los combates de contención contra el Ejército Rojo, para permitir la evacuación de las unidades que luchaban en el frente de Narva. A todos estos batallones de policía se les pierde la pista en el verano y el otoño de 1944, considerándolos disueltos antes de finalizar el año.

BATALLONES «SCHUMA» ESTONIOS FORMADOS EN 1943/44

BATALLÓN	ORGANIZADO	TRANSFORMADO EN:	FECHA
29º (W) «Schuma» *Bataillon*	Febrero 43	29º Batallón de Policía	Mayo 43
33º (W/F) «*Schuma*» *Bataillon*	Febrero 43	33º Batallón de Policía	Mayo 43
34º (F) «*Schuma*» *Bataillon*	Marzo 43	34º Batallón de Policía	Mayo 43
35º(E/W) «*Schuma*» *Bataillo*	Marzo 43 (Tallin)	35º Batallón de Policía	Mayo 43
36º (F) «*Schuma*» *Bataillon*	Marzo 43	36º Batallón de Policía	Mayo 43
286º(F) «*Schuma*» *Bataillon*	Primavera 43 (Tallin)	286º Batallón de Policía	Mayo 43
287º(W) «*Schuma*» *Bataillon*	Primavera 43 (Tartu)	287º Batallón de Policía	Mayo 43
288º (F) «*Schuma*» *Bataillon*	Marzo 43	288º Batallón de Policía	Mayo 43
289º (F) Batallón de Policía	Febrero 44	Disuelto	Sept. 44
290º (F) Batallón de Policía	Principios 44	Disuelto	Sept. 44
291º (F) Batallón de Policía	Principios 44	Disuelto	¿?
292º (F) Batallón de Policía	Enero 44	Disuelto	Dic. 44

BATALLONES «SCHUMA» ESTONIOS FORMADOS EN 1942

• **El 30º (E) Batallón «Schuma»** se formó en agosto de 1942 en Tallin, siendo su primer comandante el mayor Julius Elland. En marzo de 1943 se unieron al batallón cuatro compañías de Autodefensa estonia. A finales de enero de 1944, el batallón fue desplegado como parte del *Kampfgruppe Sponheimer* a lo largo del río Narva, en la línea Tannenberg. En marzo de 1944, fue reemplazado por el 3º Regimiento de la Guardia Fronteriza de Estonia en la línea del río Narva, siendo destinado el 30º Batallón a la defensa costera. En junio de 1944, se disolvió y su personal fue enviado para completar el 40º Batallón de Policía.

• **El 31º (W) Batallón «Schuma»** fue organizado en Rakvere el verano de 1942 y su primer jefe fue el mayor Karl Kask. Fue empleado en la defensa costera en Virumaa y en la lucha contra los partisanos en el noreste de Estonia. En marzo de 1943 se incorporaron al batallón cuatro compañías de Autodefensa, sumando 520 hombres. Desde el 29 de enero de 1944, el batallón formó parte del *Kampfgruppe Sponheimer* en el frente de Narva. Se disolvió en junio de 1944, pasando su personal a los batallones de policía 37º, 38º y 40º.

• **El 32º (W) Batallón «Schuma»** se creó en Rakvere en el verano de 1942 como batallón de reserva. En marzo de 1943, se incorporaron al batallón tres compañías de la Autodefensa de Estonia y parte de los hombres del disuelto 33º Batallón «Schuma». En enero de 1944 se integró en el *Kampfgruppe Sponheimer,* en el frente de Narva, y en junio se disolvió, repartiendo su personal entre los batallones 37º, 38º y 40º.

• **El 33º (W/F) Batallón «Schuma»** se formó a principios de 1942 en Tartu y Viljandi, a las órdenes del mayor Jakob Kuuse. Pese a que no estaba ni equipado ni preparado, el batallón fue llevado al frente de Leningrado, donde permaneció hasta diciembre de ese mismo año. Volvió a Estonia y en febrero de 1943 fue disuelto, pasando sus hombres a la Legión Estonia y a los batallones 32º, 35º y 287º.

• **El 34º (W) Batallón «Schuma»** se constituyó a comienzos de 1942 en Valga y Voru, al mando del mayor Martinson. Fue destinado a la protección de las unidades de la Organización «Todt» en la zona de Pskov. En mayo de ese mismo año, con el batallón todavía incompleto, se disolvió, pasando sus hombres al 36º Batallón «Schuma».

• **El 35º (E) Batallón «Schuma»** fue creado en Pärnu en enero de 1942, siendo su primer comandante el teniente coronel Hans Stockeby. En abril sólo se habían formado dos compañías con escasos 200 hombres, que fueron enviados al frente de Leningrado para reforzar al 33º Batallón. Ese mismo mes el batallón era disuelto.

Batallones «Schuma» y de Policía formados en 1943/44

• **El 33º (W/F) Batallón «Schuma»** fue recreado en febrero de 1943 a partir de cuatro compañías de Autodefensa de Estonia, e integrado en la 11ª División de Infantería. A principios de enero fue destinado a la defensa costera en el lago Peipus. En febrero defendió la isla de Piirisaare, destruyendo la cabeza de puente soviética en Meerapalus. En junio de 1944 el batallón fue disuelto.

• **El 34º (W) Batallón «Schuma»** se volvió a formar en marzo de 1943, disponiendo de unos 500 hombres que se enviaron al distrito de Luga, cerca de Pskov. Se subordinó a la «Organización Todt», custodiando sus instalaciones en la zona. Las compañías del batallón durante todo este tiempo estuvieron dispersas en diferentes lugares. Desconocemos el momento de su disolución.

• **El 35º (E) Batallón «Schuma»** fue formado nuevamente en marzo de 1943 en Tallin, asumiendo las tareas que dejó el disuelto 41º Batallón. Se formaron cuatro compañías: una de guardia y representación, otra de heridos, otra de convalecientes y la de reserva. Se le encomendó realizar tareas de guardia en la ciudad de Tallin. En el verano de 1944 se retiró a Alemania, donde sus hombres se integraron en la 20ª División *Waffen SS*.

• **El 36º (E) Batallón «Schuma»** se reorganizó en marzo de 1943, participando en la operación antipartisana «*Winterzauben*», en la zona de Ostrov. Antes de finalizar el año, se disolvió.

• **El 286º (F) Batallón «Schuma»** se organizó a principios de mayo de 1943 en Tallin, actuando como jefe el mayor Rudolf Martinson. Casi todas las prefecturas de policía de Estonia aportaron hombres para su formación, alcanzando los 700 policías, formando con ellos cuatro compañías. Participó en la lucha contra los partisanos en el este de Polonia, en Lituania y en Bielorrusia. Tras las enormes pérdidas de enero y febrero de 1944, el batallón regresó a Estonia y se reconstituyó con nuevos hombres, pasando a formar parte del 1º Regimiento de Policía, combatiendo a los soviéticos en el frente de Narva. Se le pierde la pista en la defensa de Tallin, en septiembre de 1944.

• **El 287º (W) Batallón «Schuma»** se formó en Tartu en la primavera de 1943, siendo su comandante el mayor Johannes Koort. En agosto se estableció en Rakvere, alcanzando la extraordinaria cifra de 842 integrantes. Desde el otoño de 1943 las compañías del batallón fueron empleadas en la guardia externa de los campos de prisioneros. En septiembre de 1944 el batallón salió de Estonia hacia Prusia Oriental y en octubre se unió a la la 20ª División *Waffen SS*.

• **El 288º (F) Batallón «Schuma»** se formó en marzo de 1943 con hombres de la policía estonia, al mando del capitán Otto Andreas Komussaar. Combatió en Lituania y Rusia contra los partisanos y en abril de 1944 regresó a Estonia. En junio se le dotó de personal y se integró en el 1º Regimiento de Policía, siendo enviado en septiembre a Narva. En la defensa contra los rusos de esta ciudad fronteriza se le pierde la pista.

• **El 289º Batallón de Policía** se creó en febrero de 1944 en Tallin, bajo el mando del capitán Erwin Kivi. Fue entrenado en Pärnu y después se le destinó a la defensa costera donde, posteriormente, sería disuelto.

• **El 290º Batallón de Policía** fue organizado a principios de 1944 por personal ruso movilizado. En septiembre participó en la batalla de Avinurme, donde se le pierde la pista al batallón.

• **El 291º Batallón de Policía** se organizó a principios de 1944, pasando a formar parte del 1º Regimiento de Policía a partir de abril de ese mismo año, estando desplegado en la defensa costera de Virumaa. Más tarde se integró en una división alemana en Narva, y en su retirada participó en la batalla de Porkuni, el 21 de septiembre de 1944.

• **El 292º Batallón de Policía** se formó en enero de 1944 en Tallin. Una vez entrenado, el batallón fue destinado a la defensa de costa, y en abril se integró en el 1º Regimiento de Policía. El batallón se envió a Narva en julio, asignado a la División 300 (z.v.B.) alemana. Tras participar en las batallas de Avinurme y Porkuni, el batallón se disolvió.

LAS BATALLAS DE AVINURME Y PORKUNI

Tras la orden de evacuación de Estonia de lo que quedaba del Grupo de Ejércitos Norte, aprobada por Hitler el 16 de septiembre de 1944, las fuerzas principales del Destacamento de Ejército «Narva» habrían de retirarse en dirección a Riga. Pero para ello, los cuerpos de ejército alemanes II y XXVIII, que ocupaban el frente en el río Emajogi, deberían mantener sus posiciones hasta la evacuación completa del Destacamento de Ejército «Narva». La ofensiva soviética por parte del 2º Ejército de Choque dio comienzo el 17 de septiembre, rompiendo las defensas alemanas del citado río, al este de Tartu. Solamente el *Kampfgruppe* «Rebane» mantuvo sus posiciones, asumiendo grandes pérdidas.

El general jefe del Grupo de Ejércitos Norte, Ferdinand Schörner, ordenó al II Cuerpo de Ejército abandonar la línea de defensa entorno al río Emajogi y retirarse en dirección a Riga. Sólo seis regimientos de defensa fronteriza estonios, el 113º Regimiento de Seguridad y lo que todavía quedaba de la 20ª División de Granaderos *Waffen SS* estonia, quedaron sobre el terreno, sacrificándose para que el Destacamento de Ejército «Narva», lograra escapar de Estonia antes de ser embolsado por los soviéticos. En las batallas defensivas que tuvieron lugar en las poblaciones de Avinurme y Porkuni, intentando frenar la avalancha del Ejército Rojo, también se inmolaron varias unidades estonias de policía.

Regimientos de Policía de Estonia

En abril y julio de 1944, respectivamente, se organizarían sendos regimientos de policía estonios, uniendo en su seno varios batallones policiales. En ningún momento se superpusieron ambas unidades regimentales, sino que en julio desapareció el 1º Regimiento, dando paso al 2º Regimiento.

El Regimiento de Policía nº 1 se organizó en Tallin el 1 de abril de 1944, siendo nombrado su comandante el mayor Karl Saimre. Fue constituido para gestionar las unidades de policía estonias de la Línea «Tannenberg» y de la defensa de costa. Como los batallones de policía empleados en su constitución dependían orgánicamente del 18º Ejército alemán, y el general Lindemann se negó a transferirlos, el 7 de julio se disolvería este regimiento, dando paso a la formación del 2º.

El Regimiento de Policía nº 2 fue creado el 7 de julio de 1944 a partir del personal de la plana mayor del 1º Regimiento de Policía recién disuelto y varios batallones de policía que combatían en el frente. De hecho, su comandante fue el mismo que el del 1º Regimiento, el mayor Karl Saimre, quien luego mandaría el 37º Batallón de Policía.

Tras una brevísima preparación, el 16 de julio fue enviado al frente equipado con armas ligeras, realizando el transporte por ferrocarril a la zona de Gimzy, en la confluencia del territorio de Rusia, Lituania y Letonia. Junto a los tres regimientos de policía letones, lograron detener a los soviéticos momentáneamente. Fue devuelto a Tallin el 20 de agosto, fecha en la que sería disuelto.

1º Regimiento de Policía estonio

Batallones de Policía integrados

286º Batallón   288º Batallón   291º Batallón   292º Batallón

2º Regimiento de Policía estonio

Batallones de Policía integrados

37º(F) Batallón   38º(F) Batallón   40º(F) Batallón

Batallón de Policía de Reserva «Ostland»

Entre el otoño de 1939 y la primavera de 1940, los miembros de la minoría alemana que lo desearon, abandonaron los tres países bálticos. A estos alemanes reasentados, se les otorgó la ciudadanía alemana, previa renuncia a la anterior. El 10 de enero de 1941, la URSS y Alemania firmaron en Riga un acuerdo sobre el llamado «reasentamiento posterior» (*Nachumsiedlung*) de Letonia y Estonia, y un acuerdo independiente para Lituania. Miles más de alemanes se establecieron en Alemania, y con ellos cierta cantidad de estonios, letones y rusos que pudieron demostrar su origen alemán. El grupo se dividió en los reasentados (*Umsiedler*), que recibieron la ciudadanía alemana, y refugiados (*Flüchtlinge*), que inicialmente fueron ubicados en campamentos. La mayoría de los no alemanes estaban incluidos entre estos últimos. Al menos 56 oficiales estonios fueron a Alemania en los reasentamientos. Tras la Operación «Barbarroja», varios letones y estonios que habían estado en campos de refugiados, anunciaron su disposición a ir a la guerra. Creían que, participando en el conflicto, lograrían la liberación de su patria. Desde el 6 de julio de 1941, voluntarios estonios se reunieron en el campo de Stahnsdorf, cerca de Berlín, para recibir entrenamiento y lograr ser enviados al frente oriental encuadrados en un batallón. Días

Hugo Siim, jefe de la 3ª Compañía en el Batallón «Ostland». Murió en la Bolsa de Cherkasy, como jefe de compañía del Batallón «Narva».

después llegaría un grupo de letones, que se integraron en la unidad en formación. Posteriormente, el batallón fue enviado a Frankfurt an der Oder formándose dos compañías estonias y una letona. El comandante era el coronel letón Herberts Brasnevics, (jefe de la compañía letona). El comandante de las dos compañías estonias entre agosto y noviembre de 1941, fue el mayor Henn Sarmiste. De agosto a octubre, el nombre oficial de la unidad fue Batallón de Policía de Reserva «Ostland», y desde octubre, 33º Batallón de Policía de Reserva. El 10 de octubre de 1941, el batallón fue enviado a Ucrania y allí, distribuido por compañías al mando operativo de diferentes unidades. La segunda compañía de estonios estaba en la central hidroeléctrica de Dneprogress (Paul Laamann), la tercera compañía (Hugo Siim) operó cerca de Kiev integrada en el 304º Batallón de Policía de Reserva alemán hasta febrero de 1942 y luego fue asignada al servicio de policía en Kiev. El batallón «Ostland» tenía muchos hombres con educación superior que fueron enviados a otras unidades e instituciones, y otras veces actuaron como intérpretes. En septiembre de 1942, cuando comenzó a formarse la Legión Estonia, se solicitó enviar a los estonios del «Ostland» a dicha unidad, incorporándose en diciembre 350 de los 420 estonios del Batallón «Ostland».

Uniformidad de los batallones «Schuma» y de Policía

El término *Schutzmannschaft* –abreviadamente, *Schuma*– haría referencia desde noviembre de 1941 a fuerzas de policía auxiliar organizadas por los alemanes en el territorio ocupado de la Unión Soviética, y que servían en la propia Estonia, Letonia, Lituania, Ucrania, Bielorrusia y zonas de Rusia. Heinrich Himmler organizó las unidades *Schutzmannschaft* el 4 de noviembre de 1941, subordinándolas a la *Ordnungspolizei (OrPo)*. Los *Schutzmannschaft-Bataillone* se crearon para garantizar la seguridad en los territorios ocupados, en particular combatiendo a las fuerzas partisanas, particularmente importantes en Bielorrusia y Ucrania. Hubo 21 batallones *Schuma* estonios, 47 letones, 26 lituanos, 11 bielorrusos, ocho tártaros y 71 ucranianos. Los *Schuma Bataillonen* tenían una fuerza aproximada media de alrededor de 500 hombres cada uno. Inicialmente llevaron uniformes del ejército estonio anterior a la guerra, e incluso, del ejército letón. Más tarde se les entregaron uniformes del *Heer*, sin águila en el pecho ni parches de cuello, que convivirían, como hemos

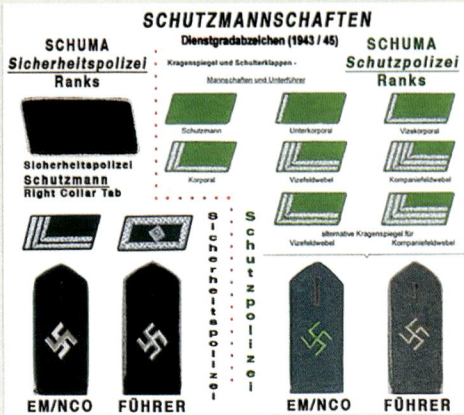

visto en varias fotografías, con uniformes de la policía alemana, que se diferenciaba del uniforme del *Heer* por su tela de color más azulado y sus cuellos y puños marrones y vivos de varios colores. Hay que decir que siempre convivieron en dichos uniformes alemanes, elementos nacionales estonios, bien su escudo nacional, bien condecoraciones y distintivos estonios –del ejército, o de la Liga de Defensa– de la época in-

mediatamente anterior, y casi siempre, el escudo con los colores nacionales estonios cosido en alguna de las mangas de la guerrera, en ocasiones con los tres leones –normalmente metálicos o bordados–, o en la mayoría de los casos, sin ellos, en una garan cantidad de formas geométricas y tamaños.

Cuatro policías estonios –*Wachtmeister*– con uniformes de campaña, en una floral fotografía para enviar a sus familiares. Sería uno de los pocos momentos de descanso en los complejos días de 1943-44.

Otras unidades policiales estonias

Hay muy poca información sobre las compañías del *Sicherheitsdienst* (SD) formadas por personal estonio. Desde el comienzo del conflicto, la SD –que había pertenecido a la *Sicherheitspolizei* (SiPo) hasta 1939–, pasó a depender del llamado *Reichssicherheitshauptamt* (Oficina Central de Seguridad del Reich, RSHA), como uno de sus departamentos.

Se sabe que varios comandos de la denominada entonces Compañía Especial Estonia del SD, participaron en el fusilamiento de prisioneros judíos en Kalevi-Liiva en 1942.

Varias unidades estonias del SD fueron empleadas para luchar contra los partisanos y los paracaidistas soviéticos en Nóvgorod y la zona de Pskov, así como también en la propia Estonia. En el otoño de 1943 había dos compañías SD estonias, una en la parte norte del Frente Oriental y la otra en Lituania. Cinco meses más tarde, en enero de 1944, se había formado una tercera compañía del SD, ubicada en Nevel. En 1944, las compañías SD estonias también lucharon en los frentes de Narva y Tartu.

Dos soldados estonios asignados a una unidad policial del *Sicherheitsdienst. (SD)*

61

Arriba. Dos soldados estonios pertenecientes al *Schutzmannshaft-Bataillon 29*, se fotografían en Viljandi, en el invierno de 1942. Este batallón, a priori constituido como unidad de vigilancia, lo enviaron al frente de Leningrado en marzo de 1942, sufriendo grandes pérdidas.

Abajo, derecha. Concesión de una EK-II a un soldado estonio perteneciente al *Schutzmannshaft-Bataillon 36*. Dicha concesión está firmada en diciembre de 1942.

Abajo, izquierda. Dos soldados de un *Schutzmannshaft-Bataillon* estonio posan con una pieza antitanque de 37 mm. Las unidades de este tipo que combatían en el frente, fueron dotadas de pequeños cañones como el mostrado en la fotografía a partir de la primavera de 1942.

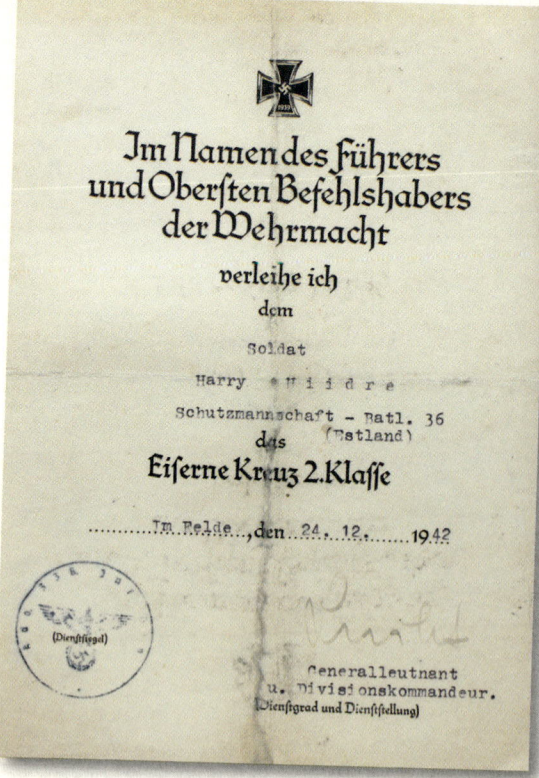

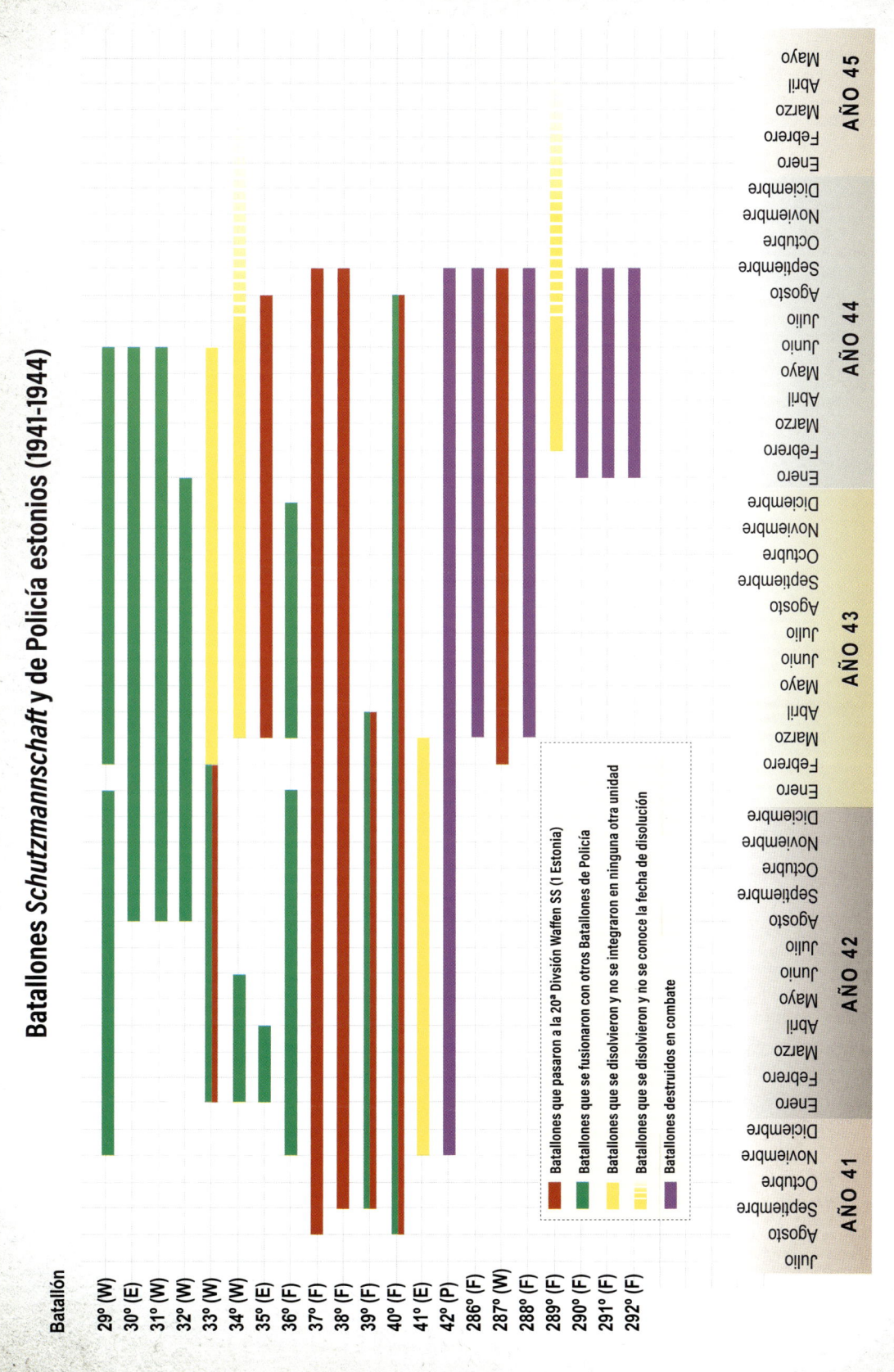

Batallones *Schutzmannschaft* y de Policía estonios (1941-1944)

OMAKAITSE. LAS FUERZAS DE AUTODEFENSA DE ESTONIA

En las primeras semanas de la guerra entre la URSS y Alemania, muchos estonios se reunieron para ajustar cuentas con el odiado gobierno rojo. Después del primer año de ocupación, con su represión y la gran deportación de junio de 1941, se había puesto de relieve el verdadero rostro del vecino del este. Cuando las unidades regulares de la *Wehrmacht* llegaron al sur y al este de Estonia, los estonios ya habían limpiado varios pueblos y ciudades importantes de comunistas soviéticos, y ondeaban ya las banderas tricolores –azul, negro y blanco–. Hasta aquel momento, los combatientes se habían autodenominado «Hermanos del Bosque» e, incluso, partisanos, y toda la actividad que llevaron a cabo había sido, en gran medida, espontánea. Tras la ocupación germana se empezaron a crear formaciones más organizadas, de marcado carácter militar. En casi todos los lugares donde se estaban formando nuevas estructuras, se unieron los antiguos jefes de la «Liga de Defensa» anterior a la ocupación, ubicándose en los edificios que anteriormente pertenecían a la citada organización paramilitar. El nombre *Omakaitse* se introdujo por parte de los combatientes de base, sin una prescripción centralizada ni unificada. Se organizaron servicios de vigilancia basándose en el personal que se unió a la organización de forma voluntaria. Una de las principales tareas de *Omakaitse* en las zonas liberadas de Estonia, fue combatir a los soldados del Ejército Rojo rezagados y detener a las autoridades bolcheviques que quedaron en territorio estonio. En las primeras semanas *Omakaitse* custodió y gestionó los miles de detenidos en los campos de concentración y centros de detención establecidos para este fin. Tras la ocupación total de Estonia, las autoridades militares alemanas disolvieron a los partisanos y se formaron las llamadas Fuerzas de Autodefensa, aunque pronto se restableció la organización con el estatus de policía auxiliar (*Hilfsschutzmannschaft*) por orden del general von Leeb, comandante del Grupo de Ejércitos Norte. En la primera fase de la ocupación, *Omakaitse* estuvo militarmente subordinada a la *Wehrmacht*, y después del establecimiento del gobierno civil en enero de 1942, *Omakaitse* pasó a depender de la policía del orden alemana, aunque integrada en el departamento de Interior del Autogobierno. Durante la guerra, *Omakaitse* desempeñó una doble función: las unidades acuarteladas (con sueldo) estaban operativamente a disposición de los militares y su tarea era, básicamente, organizar la defensa de la retaguardia (ferrocarriles y carreteras) y luchar contra las incursiones soviéticas. El personal no asalariado era responsable de garantizar la seguridad interior general, así como de custodiar los bienes, buscar prisioneros

El segundo jefe de la retaguardia del Grupo de Ejércitos Norte, general Karl von Tiedeman, al mando de la 207ª División de Seguridad, pasa revista a una unidad estonia de las Fuerzas de Autodefensa (Omakaitse) en Tartu. Junto a él, el jefe del Autogobierno estonio, Hjalmar Mae (izquierda) y el Comisario Regional de Tartu, Kurt Meenem (centro) ..

de guerra fugados, etc. *Omakaitse* funcionó como una organización voluntaria hasta octubre de 1943, cuando la pertenencia a la organización se hizo obligatoria para los hombres de 17 a 45 años, y desde enero de 1944 para todos los hombres de 17 a 60 años que no estuvieran sujetos a la movilización general. La estructura de *Omakaitse* incluyó la Escuela de Líderes, creada en 1943, voluntarias femeninas y unidades de fronteras. *Omakaitse* fue la base de reclutamiento para todo tipo de unidades militares «reales». Los grupos de seguridad alemanes y los batallones orientales encontraron refuerzos de personal en las filas de *Omakaitse*, y el tránsito hacia la Legión Estonia pasó también por esta organización.

Omakaitse fue, en esencia, la propia organización de defensa de Estonia. Los batallones de combate estaban formados por hombres que, por razones de salud o por su edad, no fueron movilizados por el ejército alemán. La mayoría de los hombres vestían ropas civiles, pero estaban obligados a llevar brazaletes con insignias distintivas. Su entrenamiento fue incompleto y estaban armados con viejos fusiles británicos, alemanes y rusos y ametralladoras ligeras y pesadas, todas ellas procedentes de la Primera Guerra Mundial. Por lo tanto, los batallones territoriales *Omakaitse* fueron desplegados en tareas de guardacostas del lago Peipus y en sectores menos importantes del territorio estonio.

Muchas veces, los estonios no sólo usaban sus distintivos y emblemas de nacionalidad, sino sus propias prendas de cabeza, como en el caso de este *Wachtmeister*.

Unidades regulares estonias en el Grupo de Ejércitos Norte

La población de Tallin aplaude, feliz, a las tropas alemanas en el momento de su entrada en la ciudad. Detrás se aprecia la catedral ortodoxa rusa del siglo XIX dedicada a Alejandro Nevsky, situada en la zona más elevada de la ciudad. Frente a ella, se encuentra el Parlamento de Estonia, que sería la sede del Distrito General «Estland».

En julio y agosto de 1941, la actitud de los jefes de las unidades de la *Wehrmacht* que avanzaban en el frente oriental, hacia los movimientos antisoviéticos de la población local y las unidades armadas autónomas, los llamados «Hermanos del Bosque», era positiva.

Pese a que su empleo en operaciones estaba prohibido, hay que decir que era algo inevitable pues cualquier ejército ocupante necesita guías y confidentes locales. Antes, incluso, de la llegada de la *Wehrmacht*, comenzó la resistencia frente a las instituciones y organismos de seguridad soviéticos, desde Tallin hasta Odessa, y por ello una gran parte de la población tenía una actitud favorable hacia los alemanes. En Estonia, los comandantes de las divisiones alemanas reclutaron hasta 2000 voluntarios, que se integraron en unidades de combate hasta la caída de los soviéticos en Estonia.

Como ya explicamos anteriormente, «Erna» era principalmente una unidad de inteligencia, pero sus miembros y partidarios vieron en ella la oportunidad de participar en la liberación de Estonia y sentar las bases para la restauración de sus fuerzas armadas. En cualquier caso, cuando se consolidó totalmente la ocupación del territorio continental de Estonia, todas las unidades militares que se formaron en el verano de 1941 con personal autóctono, se disolvieron en el otoño de ese mismo año.

El 21 de agosto de 1941, el comandante en jefe del 18º Ejército, *Generaloberst* Georg von Küchler, ordenó a su comandante de retaguardia, el *Generalleutnant* Hans Knuth, que formara tres grupos de seguridad estonios (181º, 182º y 183º) –los dos primeros dígitos referidos al 18º Ejército–.

La tarea de estos grupos sería asegurar las instalaciones –principalmente puentes–, carreteras y vías férreas, y limpiar la retaguardia del ejército de personal del Ejército Rojo y partisanos.

El *Generaloberst* Georg von Küchler era el jefe del 18º Ejército alemán, integrado en el Grupo de Ejércitos Norte.

Los grupos de seguridad estaban subordinados administrativamente al comandante de retaguardia del 18º Ejército, y operativamente al comandante de la división a cuya zona de operaciones estaban dirigidos. Los comandantes de los grupos de seguridad debían saber alemán y cada compañía debía tener al menos un intérprete de este idioma.

Su armamento se componía, básicamente, de material capturado a los soviéticos. Los hombres vestían el uniforme de la *Wehrmacht* sin la insignia nacional alemana (*Hoheitsabzeichen*) ni marcas distintivas en los cuellos, y en el brazo izquierdo llevaban un brazalete con la inscripción «*Deutsche Wehrmacht*».

Varios soldados del 182º Grupo de Seguridad estonio se fotografían juntos. La mayoría lleva prendida la cinta de la Medalla del Primer Invierno, en el segundo botón. Algunos de ellos lucen el modelo de guerrera que se les asignó cuando fueron organizados los grupos –la *Heeres Dienstanzug Mod. 1936*– sin el emblema nacional alemán –el águila– y sin parches en los cuellos. Otros, en cambio, sí llevan ambos atributos en el mismo modelo de guerrera, por lo que es posible que ya se hubieran reenganchado a la unidad, firmando un contrato «por la duración de la campaña». La foto debe estar fechada entre septiembre y octubre de 1942.

Cada grupo de seguridad disponía de plana mayor y cuatro compañías de fusileros. En la plana mayor había cinco oficiales, 16 suboficiales y 56 soldados, y en cada compañía había tres secciones de fusileros y una de ametralladoras. La compañía estaba formada por 191 hombres: cuatro oficiales, 26 suboficiales y 161 soldados. De esta manera, cada grupo de seguridad tenía casi 800 hombres.

El 23 de agosto de 1941, se publicaba un llamamiento de la Junta de Defensa Interior de Estonia para unirse a los grupos de seguridad:

Por orden del Alto Mando del Ejército Alemán, se permite formar tropas nacionales estonias para la lucha final contra el comunismo. La tarea de las unidades militares estonias es luchar y asegurar la retaguardia del frente, es decir, el exterminio de los bandidos rojos y del servicio de seguridad detrás del frente, en el distrito de la Rusia soviética, al este de nuestra frontera. La frontera oriental de nuestra nación siempre ha sido nuestra desgracia. Ahora hay que neutralizar permanentemente esta emergencia. ¡Todos los estonios, unámonos para luchar! ¡Puedes participar en la lucha! Se promete el equipamiento del ejército alemán victorioso y una paga como en el ejército alemán, que de por sí es alta. Duración del servicio, un año...

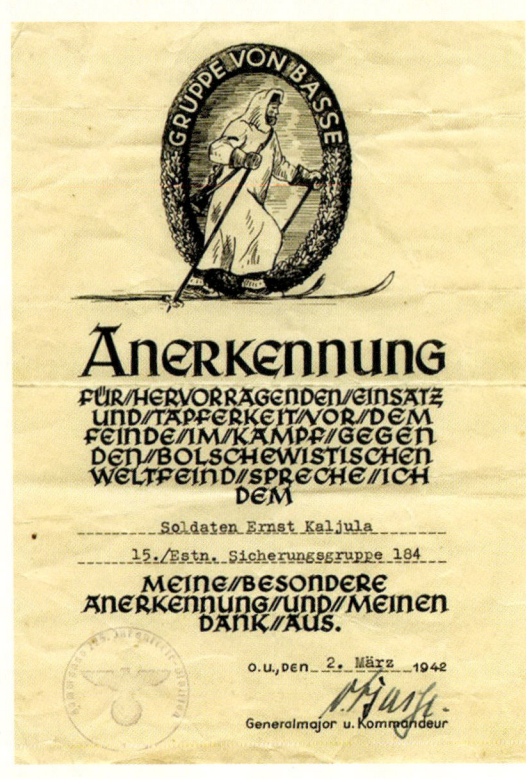

ANERKENNUNG
FÜR/HERVORRAGENDEN/EINSATZ
UND/TAPFERKEIT/VOR/DEM
FEINDE/IM/KAMPF/GEGEN
DEN/BOLSCHEWISTISCHEN
WELTFEIND/SPRECHE//ICH
DEM

Soldaten Ernst Kaljula
15./Estn. Sicherungsgruppe 184

MEINE//BESONDERE
ANERKENNUNG/UND//MEINEN
DANK//AUS.

o.u.,den 2. März 1942

Generalmajor u. Kommandeur

Arriba. Diploma de reconocimiento entregado a un soldado estonio de la 15ª Compañía, integrada en el 184º Grupo de Seguridad. Está firmado por el *Generalmajor* Hans Dieter von Basse, jefe de la 225ª División de Infantería de la *Wehrmacht*, enviada al frente del Este en diciembre de 1941, para apoyar las operaciones en el Vóljov y Leningrado.

La organización de los tres primeros grupos se produjo en el mismo mes de agosto de 1941. En Tartu se formaron cuatro compañías, numeradas de la 1ª a la 4ª, componiendo el 181º Grupo de Seguridad; en Tartu, Viljandi y Poltsamaa, se reclutaron hombres que conformaron las compañías 5ª a 8ª, que se integraron en el 182º Grupo de Seguridad. Con hombres procedentes de los condados de Pärnu y Järva, se completaron las compañías 9ª, 10ª, 11ª y 12ª, con las que se formó el 183º Grupo de Seguridad.

El 184º Grupo de Seguridad, organizado en Rakvere en septiembre de 1941, iba a ser algo diferente a los tres primeros, pues en su seno se agruparían seis compañías –en lugar de las cuatro habituales–, las numeradas de la 13ª a la 18ª, empleándose en su constitución hombres de de la región de Virumaa y de Narva. Hay que tener en cuenta que tanto la 13ª como la 17ª compañías de este grupo, actuaron de manera autónoma, estando asignada la 13ª Compañía al 16º Ejército alemán y la 17ª Compañía, al 183º Grupo de Seguridad.

El 185º Grupo, formado en el otoño de 1941 en Tartu, integró las compañías 19ª a 22ª, dos de ellas formadas con la recluta de hombres de la zona de Tartu y las otras dos, con hombres de la capital, Tallin.

El 186º Grupo de Seguridad se formaría en Narva a partir de febrero de 1942, y se suponía que tendría las compañías 23ª, 24ª, 25ª y 26ª, pero en la primavera de 1942 sólo se habían formado las dos primeras, con personal de la policía auxiliar que se encontraba en Narva. Parte del personal previsto para las otras dos compañías fue entregado a otros grupos de seguridad para completar plantillas y el restante se asignó al llamado Grupo de Seguridad de Reserva, con sede también en Narva.

Este último grupo citado, denominado *Estnische Ersatz-Sicherungsgruppe 179* o simplemente «Narwa», se organizó en febrero de 1942, y estaba formado por una compañía de la policía auxiliar estonia –creada en octubre de 1941 por el Autogobierno– y el resto, por voluntarios mayores o personal que

Arriba. Varios soldados estonios de un grupo de seguridad posan con sus armas y sus uniformes del *Heer*. Todos llevan la *Feldbluse* Mod. 43, ya con águilas en el pecho y parches en el cuello.

Página anterior, abajo. Una variante del emblema de brazo de los soldados estonios integrados en el ejército alemán.

por sus condiciones físicas no podía estar en primera línea. La unidad la mandaba un capitán alemán.

El 10 de febrero de 1942, Hitler detuvo la formación de unidades orientales. El *Obergrupenführer* Jeckeln, jefe de las SS y la policía «Ostland», exigió que las unidades bálticas existentes estuvieran bajo su mando. Los seis grupos de seguridad que se habían formado y la unidad de reserva pasaron a ser batallones de seguridad, dependientes de la policía, con una nueva numeración, que iba desde el nº 281 hasta el 286.

GRUPOS DE SEGURIDAD ESTONIOS (AGOSTO 41– FEBRERO 42)

Grupo de Seguridad	Compañías	Creado	Jefe
181º Grupo (Tartu)	De la 1 a la 4	Agosto 1941	Mayor August Vask
182º Grupo (Tartu)	De la 5 a la 8	Agosto 1941	Capitán Richard Tammemägi
183º Grupo (Pärnu)	De la 9 a la 12	Agosto 1941	Tte. Col. Hermann Stockeby
184º Grupo (Rakvere)	De la 13 a la 18	Septiembre 1941	Mayor Heinrich Ellram
185º Grupo (Tartu)	De la 19 a la 22	Octubre 1941	Mayor Julius Ellandi
186º Grupo (Narva)	De la 23 a la 24	Febrero 1942	
Grupo Reserva (Narva)	-	Febrero 1942	Capitán Wicht (alemán)

Todas las compañías estaban asignadas a unidades de retaguardia del 18º Ejército alemán, excepto la 13ª Compañía, que se integró en el 16º Ejército, en la zona de Staraya Russa.

HÄVING BOLSEVISMILE!

ÜHINE VÕITLUS, ÜHINE VÕIT!

Cartel publicado en varios idiomas (en este caso, en estonio), en el que se lee: «Destrucción del bolchevismo. Lucha común, victoria común». Abajo, las banderas de los países bálticos y Finlandia. En otras variantes del cartel, también salía la alemana, aunque en esta, no.

Esta dependencia y numeración sobreviviría tan sólo seis meses, pues el 21 de agosto de 1942 fueron nuevamente subordinados al 18º Ejército, otra vez como grupos de seguridad, recuperando sus antiguos números. ¿Cúal fue el motivo de este drástico cambio?

En agosto comenzó a visualizarse un problema con el personal que, un año antes, había firmado su contrato anual. Muchos de los soldados no querían seguir prestando servicio y otros se plantearon pasar a la recién creada Legión SS de Estonia. Ni el salario –aún siendo más bajo que el de las tropas alemanas–, ni la alimentación y los suministros, ni siquiera la uniformidad o el armamento, eran los causantes de esta desafección. La razón principal venía por la conversión de los grupos de seguridad en unidades policiales, llevada a cabo unos meses antes, así como la imposibilidad de que a estos voluntarios se les otorgara la Cruz de Hierro. En julio de 1942, el cuartel general del 18º Ejército emitió una orden sobre la subordinación de las unidades estonias.

El *Heer* no quería renunciar a los grupos de seguridad de ninguna manera, por lo que el jefe del 18º Ejército, *Generaloberst* Georg Lindemann, propuso equiparar el estatus de los grupos de seguridad con el estatus de la Legión Estonia que empezaba a reclutarse y alentar a los miembros de los grupos de seguridad a ampliar sus contratos de servicio. A los que firmaran un reenganche se les permitiría llevar

PERSONAL DE LOS GRUPOS DE SEGURIDAD ESTONIOS (MAYO 42)

	GRUPOS DE SEGURIDAD							TOTAL
	181	**182**	**183**	**184**	**185**	**186**	**Entrenamiento**	
OFICIALES	18	20	23	18	18	14	13	124
SUBOFICIALES	65	92	116	88	88	42	52	543
SOLDADOS	482	698	699	544	532	195	265	3325
SUBOFICIALES ALEMANES	3	1	1	2	1	1	2	11
SOLDADOS ALEMANES	7	8	8	9	5	5	5	47
TOTAL	575	729	847	661	644	257	337	4050

Hombres del 658º *Ost-Bataillon* estonio al pie del vagón ferroviario que lo trasladaba. Confraternizan soldados y oficiales, con alguna botella de licor por medio.

el famoso emblema nacional (*Hoheitsabzeichen*) –el águila de pecho–, y todos ellos pasarían otra vez a depender del ejército alemán, pudiendo obtener una nueva condecoración al valor.

El 23 de octubre de 1942, el OKH ordenó reorganizar las unidades se seguridad del Grupo de Ejércitos Norte, agrupándolas, recibiendo nuevos nombres y números y, lo más importante: todas ellas pasaron a ser unidades de frente, y ya no de retaguardia.

Los grupos de seguridad estonios 181º a 186º se reorganizaron en tres batallones orientales (*Ost-Bataillone*), numerados 658º, 659º y 660º. El grupo de reserva se denominó Batallón de Reserva Oriental «Narva» (*Ost-Ersatz-Bataillon (estnische) Narwa*) y la 13ª Compañía del antiguo 184º Grupo de Seguridad, que estaba integrada en el 16º Ejército, se denominó 657ª Compañía Oriental (*Ost-Kompanie 657*).

A partir del 1 de enero de 1943, los *Ost-Bataillone* estonios pasaron a denominarse *Estnische-Bataillone,* denominación que se mantuvo hasta su integración en la 20ª División de Granaderos *Waffen SS* (1ª Estonia)

El 658º Batallón Oriental se formó sobre la base de la plana mayor y el 181º Grupo de Seguridad, al que se unieron las compañías 11ª y 12ª del 183º Grupo y las compañías 21ª y 22ª del 185º Grupo. Desde el 14 de septiembre de 1942, el comandante de la unidad era el capitán Alfonse Rebane, que permaneció en el cargo hasta que el batallón fue liquidado en la primavera de 1944.

El 659º Batallón Oriental se formó sobre el 182º Grupo de Seguridad y las compañías 9ª, 10ª y 17ª del 183º Grupo. En el momento de su transformación, el comandante del batallón era el capitán Tammemägi.

El 660º Batallón Oriental se organizó a partir del 184º Grupo de Seguridad, al que se unieron las compañías 19ª y 20ª del 185º Grupo. El comandante del batallón era el mayor Heinrich Ellram.

La 657ª Compañía Oriental estonia fue el nombre y número que se le dio a la 13ª Compañía del 184º Grupo de Seguridad, que recordemos, había quedado subordinada al comandante de retaguardia del 16º Ejército, alemán, en la zona de Staraya Russa. Allí permanecería la compañía, rebautizada, al mando del mayor Valdo Mäeste

El *Generaloberst* Georg Lindemann sustituyó a Küchler como jefe del 18º Ejército alemán.

En el verano de 1943, el Batallón Oriental de Reserva «Narva» había organizado una unidad especial: el llamado Batallón «Fischer» (aunque tenía entidad compañía), al mando del capitán del mismo nombre, que luchó contra los partisanos en el entorno de la línea ferroviaria Narva-Leningrado, retirándose a Estonia en enero de 1944. En abril de 1944 se denominó *Feldersatzbataillon* (z.b.V.) y fue asignado para entrenar a la 20ª División de Granaderos *Waffen SS* (Estonia nº 1)

UNIDADES «OSTLAND» ESTONIAS (OCTUBRE 42- ABRIL 44)

Unidad Oriental	Compañías	Disuelto en:	Jefe
658º Batallón	De la 1 a la 4	Abril 1944	Mayor Alfonse Rebane
659º Batallón	De la 5 a la 8	Abril 1944	Capitán Richard Tammemägi
660º Batallón	De la 9 a la 12	Mayo 1944	Mayor Heinrich Ellram
657º Compañía	–	Abril 1944	Mayor Waldo Mäeste
Reserva «Narva»	–	Abril 1944	–
Batallón «Fischer»	–	Abril 1944	Capitán Fischer

Los tres batallones y el de reserva estaban asignados al 18º Ejército alemán. La 657ª Compañía dependía del 16º Ejército.

Todas estas unidades estonias combatieron, tanto en el frente del Volchov como en el sitio de Leningrado, manteniendo un comportamiento excelente y labrándose una más que merecida reputación entre los alemanes. Concretamente, el 658º Batallón acudiría a Krasny Bor en febrero de 1943, en plena ofensiva soviética, en la misma zona en la que combatía la División Azul española (250ª *Spanische Division*). Después, pasaría al Volchov y lago Ilmen, también los mismos escenarios en los que estuvieron los españoles un año antes.

Arriba. Dos soldados estonios del 659º Batallón Oriental. En el vagón ferroviario se aprecia con nitidez el escudo con los colores de Estonia —negro, azul y blanco— y el número del batallón.

Abajo. Decoración de un vagón ferroviario por parte de los soldados del 659º *Ost-Batallion*, al mando del mayor Sooden. La traducción es: Capitán Sooden Fuerza de Defensa. *Leistandarte* «Sooden».

A partir del 1 de agosto de 1943, los batallones orientales de Estonia pasaron oficial y nominalmente a depender de la *Waffen SS*, aunque la realidad no fue así y estas unidades siguieron estando supeditadas al *Heer* unos cuantos meses más. El 20 de octubre de 1943, el general Lindemann solicitó oficialmente la integración de los batallones al 18º Ejército, lo cual sería aprobado.

Presumiblemente, el mando de la *Waffen SS* quería utilizar a los hombres de los batallones orientales como núcleo para la formación de la 3ª Brigada SS de Estonia, aunque al no ser retirados inmediatamente del frente, perdió el interés.

Página anterior. El más famoso de los militares estonios que combatió integrado en el ejército alemán durante la Segunda Guerra Mundial fue Alfonse Rebane. Teniente en 1940, fue uno de los más caracterizados «Hermanos del Bosque» durante la ofensiva alemana de julio/agosto de 1941. Se integró en los grupos de seguridad y después mandó el 658º *Ost-Bataillon*. En la primavera de 1944, pasó a la 20ª División de la *Waffen SS*, llegando a mandar uno de sus regimientos: el 46º. Sobrevivió a la guerra y falleció en Alemania en los años 70 del siglo XX.

Abajo. Ejemplar de la publicación «Rindeleht» («Primera página»), correspondiente al 27 de noviembre de 1943, celebrando el 25 aniversario de la primera independencia de Estonia, en 1918, y mostrando el camino a la segunda, derrotando al ejército ruso otra vez.

A finales de 1943, los batallones estonios 658º y 659º se encontraban en primera línea cerca de Nóvgorod y el lago Ilmen. El 660º Batallón estaba en la retaguardia de Narva y la 657ª Compañía, en Staraya Russa. Fue en estas fechas cuando las unidades «*Ost*» pasaron a denominarse «*Estnische*» (estonias), o simplemente «*Est.*»

A mediados de enero de 1944, el Ejército Rojo había reunido fuerzas en la zona de Leningrado y en la cabeza de puente de Oranienbaum, que superaban con creces a las alemanas. El ataque soviético comenzaría el 14 de enero, incluyendo el frente de Vóljov.

Tras la toma de Nóvgorod por el Ejército Rojo, el 18º Ejército alemán quedó en peligro de ser rodeado. Para evitarlo, un *Kampfgruppe* formado por los batallones estonios 658º y 659º –al mando del *Major* Alfons Rebane–, que se había encargado de cubrir la retirada de las tropas alemanas, logró parar y destruir una división de fusileros soviéticos. Rebane recibió por esta acción la Cruz de Caballero de la Cruz de Hierro (*Ritterkreuz*) siendo el primer estonio en obtener esta importante condecoración germana.

El ejército alemán se retiró entonces a la línea «Panther», en la frontera con Estonia. La guerra volvía a territorio estonio y por ello, el mando alemán decidió llevar todas las unidades estonias de regreso a la patria. A comienzos de la primavera de 1944, los *Est.-Bataillone*» fueron concentrados en el campamento de Toila para acometer una profunda reforma.

Los tres batallones estonios se integraron, finalmente, en la 20ª División de Granaderos SS entre abril y mayo de 1944, así como los hombres de la 657ª Compañía Estonia, el Batallón de Reserva «Narva» y el Batallón «Fischer» –*Feldersatzbataillon zur besonderen Verwendung, (F.E.B. z.b.V.)*–.

La dotación de los batallones 658º y 659º se completó con personal movilizado, y en abril se transformaron, respectivamente, en los batallones II y I del recién creado 47º Regimiento de la 20ª División

Arriba. *Major* Georg Aleksander Sooden. Fue el último jefe del 659º *Est-Bataillon*. Se integraría en la *Waffen SS*, en la 20ª División, alcanzando el mando del I Batallón del 47º Regimiento de Granaderos SS. Murió en combate en la Batalla de la Línea «Tannenberg», el 28 de julio de 1944, y fue enterrado junto al monumento a la Guerra de Independencia de Johvi, donde en la actualidad se le recuerda con una placa.

Waffen SS de Estonia. El 4 de mayo de ese mismo año, el 660º Batallón pasaría a ser el III Batallón del 46º Regimiento de la 20ª División *Waffen SS* estonia.

Al comandante del 658º Batallón Estonio, el *Major* Alfonse Rebane, se le dio el mando del 46º Regimiento de Granaderos SS en septiembre de 1944. Fue transferido a Alemania en el otoño de ese mismo año y luchó en Checoslovaquia hasta el final de la guerra. El *Major* Georg Aleksander Sooden, último comandante del 659º Batallón Estonio antes de su integración en la 20ª División *Waffen SS*, murió en Sinimäge, en el verano de 1944, como jefe del I Batallón del 47º Regimiento SS estonio.

Como ya hemos visto, el personal de los grupos de seguridad estonios –luego batallones «*Ostland*», y más tarde, batallones «*Estnische*»–, integrados en los Ejércitos 16º y 18º, fue dotado de uniformes alemanes del *Heer*, sobre los que los estonios procedentes del antiguo ejército se colocaban sus condecoraciones y distintivos de especialidad, así como un emblema en el antebrazo con los colores de Estonia y el escudo nacional.

Evolución de los Grupos de Seguridad estonios durante la II Guerra Mundial

GRUPO DE SEGURIDAD	COMPAÑIAS	FEBRERO 42 BATALLÓN DE SEGURIDAD	AGOSTO 42 GRUPO DE SEGURIDAD	OCTUBRE 42 BATALLÓN ORIENTAL	ENERO 43 BATALLÓN ESTONIO	ABRIL 44 BATALLÓN DE LA 20ª SS DIVISIÓN
181º	1 2 3 4	281º	181º	658º Ost-Bat. 1 2 3 4 11 12 21 22	658º Est-Bat.	II Bat (47º SS Reg.)
182º	5 6 7 8	282º	182º	659º Ost-Bat.	659º Est-Bat.	I Bat (47º SS Reg.)
183º	9 10 11 12	283º	183º	5 6 7 8 9 10 17 18		
184º	13 14 15 16 17 18	284º	184º	660º Ost-Bat.	660º Est-Bat.	III Bat (46º SS Reg.)
185º	19 20 21 22	285º	185º	14 15 16 19 20		
186º	23 24	286º	186º	657º Ost-Kp. 13	657º Est-Kp.	Otras unidades de la 20ª SS DIVISION
Reserva		Reserva	Reserva	Ost-Bat. «Narva»	Est-Bat. «Narva»	

LOS BATALLONES 658º Y 659º ESTONIOS APOYAN A LA DIVISIÓN AZUL ESPAÑOLA EN LA BATALLA DE KRASNY-BOR (FEBRERO DE 1943)

La hermandad de armas y de sangre vivida en Krasny-Bor, constituye una página inédita de la historia de Estonia y de España en la campaña de Rusia. En enero de 1943, tras el éxito de Stalingrado, ya en su fase final, la *Stavka* (Mando Central Soviético) diseñó la Operación «Estrella Polar» para levantar definitivamente el cerco de Leningrado y embolsar a las fuerzas del sector oriental del Grupo de Ejércitos Norte. La línea defensiva alemana que preten-

día romper el ataque soviético, formada por una cadena de posiciones en torno a la carretera y el ferrocarril Moscú-Leningrado, estaba guarnecida por el Regimiento 262º reforzado con otras unidades de exploración, antitanques y artillería de la División Azul española (250ª *Infanterie-Division*). Los cañones rusos comenzaron a disparar a las 06.45 h del 10 de febrero de 1943. Terminada la preparación artillera el equivalente a casi cinco divisiones del Ejército Rojo se lanzó contra la División Azul. La primera línea de vanguardia del sector atacado cedió, pero islotes de resistencia, en algunas posiciones y en el casco urbano de Krasny-Bor, provocaron el desbarajuste y el debilitamiento de la progresión rusa. Los españoles murieron al pie de las trincheras, con las armas en la mano, pero causando cuantiosas bajas entre la infantería y los carros enemigos. La heroica fortaleza defensiva de la División Azul dio tiempo a la reacción alemana. Agotadas las escasas reservas españolas, el L Cuerpo de Ejército alemán improvisó un *Kampfgruppe* (Grupo de Combate) para organizar

una segunda línea de resistencia detrás de Krasny-Bor. Más al oeste el mando alemán ordenó a dos batallones estonios, agregados a la 212ª División de Infantería alemana, que se prepararan para entrar en línea y apoyaran la operación para taponar la brecha abierta en el sector del río Ishora. En la tarde noche de aquel 10 de febrero, el 659º «*Estnische-Bataillon*», al mando accidental del capitán Mikumägi, se dirigió a proteger unas baterías del Grupo de Artillería de Costa del Ejército 928º, pero el teniente coronel español Robles, requirió sus servicios para reforzar la posición de Podolovo, muy amenazada por el ataque de la infantería enemiga. Al día siguiente llegó a Podolovo otro refuerzo estonio el 658º «*Estnische-Bataillon*» del comandante Rebane, quien asumió el mando de ambos batallones. Españoles y estonios combatieron juntos hasta que el frente quedó estabilizado y la batalla se apagó el 28 de febrero. Junto al resto de camaradas del L Cuerpo de Ejército consiguieron frenar la ofensiva rusa, salvando al Grupo de Ejércitos Norte de una situación que podía haber resultado crítica.

NAVIDAD DEL 43 EN LOS «ESTNISCHE-BATAILLONE» 658° Y 659°

Celebración eucarística de Nochebuena en el 658° «*Estnische-Bataillon*» (24-XII-1943). El 3° por la izquierda, el *Major* Alfons Rebane.

Durante la Segunda Guerra Mundial, el mayor movimiento cívico estonio, Ayuda al Pueblo Estonio (ERÜ), envió una delegación al frente, donde combatían los 658º y 659º *Estnische-Bataillone* a lo largo del río Vóljov durante la época de Navidad, para llevar regalos del pueblo estonio, celebrar un servicio religioso y agasajar con canciones a los soldados. Un resumen de esta visita se publicó en el semanario «Rindeleht» el 8 de enero de 1944.

«Nochebuena. – ¡Lo que significa esta palabra extraña y reveladora! Sin embargo, esto devora mucho más profundamente el alma de un soldado de primera línea pues, en el día más oscuro del año en que nació la luz, echa de menos en su corazón a su familia. Alrededor del mediodía, los hombres del batallón del *Major* Alfons Rebane (658º *Estnische-Bataillon*) organizaron un árbol de Navidad. Para ello, los soldados se habían reunido en una de las casas más espaciosas de la zona, cuyo interior había quedado más o menos a salvo de los efectos de la guerra. Los hombres estaban muy juntos unos contra otros, sentados en los bancos, vestidos con chaquetones de invierno con capuchas, sus ojos brillaban frente la luz del abeto y sus rostros estaban curtidos por la guerra. Los soldados, ocupantes de las trincheras a lo largo del Vóljov y testigos de muchas campañas victoriosas, se alineaban con la cabeza descubierta frente a un altar decorado con ramas de abeto, al que estaba unida una simple cruz de abedul, un símbolo familiar para cada soldado... El oficiante predicó el evangelio de Navidad. El silencio congelado en un abrir y cerrar de ojos recordaba a los marineros que regresaban del peligro y la muerte, a los pescadores, a los exploradores, a los excursionistas en el hielo y la nieve, que encendían un fuego a la primera oportunidad para hablar en silencio con su Dios y su Destino. Y cuando se distribuyó la comunión, los hombres se levantaron con muda seriedad para realizar la costumbre, cuya solemnidad trae el espíritu casero de la Navidad y la libertad. Después del servicio religioso, la sencilla iglesia se transformó en un salón de fiestas navideñas quitando el altar, con árboles de Navidad iluminados a modo de candelabros de cristal. El director de ERÜ, Otto Leesment, en su discurso, como lo hizo muchas veces después, dirigió al batallón un saludo y un agradecimiento para que acompañara a los soldados estonios día a día en su lucha desinteresada. `El pueblo estonio nunca olvidará lo que sus hombres han hecho y ayudará por todos los medios a facilitar la lucha

Albert, el más joven del 658º «*Estnische-Bataillon*».

de los hombres armados en pos de los objetivos comunes de nuestra patria´. El *Major* Rebane, en nombre de todo el batallón, agradeció a la delegación que había venido para traer regalos de Navidad y fortalecer aún más los lazos que unen a los batallones nacionales de Estonia con su patria. ´Saber que la Patria piensa en nosotros nos da fuerzas renovadas para luchar por el futuro de Estonia. Llevad nuestro saludo a la Patria y decid a todos que, si la situación lo requiriese, hasta el último hombre morirá por ella´, concluyó el *Major* Rebane. Esta disposición, que los hombres ya han verificado muchas veces con sus acciones, la renovaron con el canto del himno nacional, que se escuchó en este acantonamiento por primera vez en la historia. Las canciones que siguieron fueron interpretadas por los invitados ante un público agradecido, como sólo se puede encontrar en el frente de batalla. Después comenzó la distribución de paquetes de regalo. Con un apretón de manos, las damas vestidas con trajes típicos los entregaron a los soldados, quienes se dispersaron en grupos con ellos en la mano. Albert, el pequeño incondicional del batallón oriental, también estaba allí y muy feliz porque Papá Noel le había traído siete paquetes en lugar de uno. Después de Navidad tenía que ir a la escuela, pero como prometió, quería ir a la

guerra y volver al frente durante las vacaciones escolares. Después de una animada reunión en el cuartel general del batallón, la delegación visitó la noche de Navidad a todas las compañías, que colocaron árboles de Navidad en sus emplazamientos. Fue una noche de Navidad memorable, ya que el batallón estuvo completamente reunido y pudieron recibirla con tranquilidad, como estaban acostumbrados antes de la guerra. El día de Navidad, la delegación fue invitada por el batallón del *Hauptmann* Georg Sooden (659º *Estnische-Bataillon*), donde también esos días se celebraban reuniones navideñas. Fue la primera vez que una delegación de un país viajó tan lejos hacia el este, donde se encontraban los primeros hombres estonios en la línea del frente. El *Hauptmann* Sooden dio la bienvenida a la delegación en el cuartel general. La reunión fue en el antiguo edificio de la escuela del pueblo, donde celebraron juntos la Navidad, comenzando con el servicio espiritual del sacerdote, y continuando con los saludos mutuos, que expresaron los miembros de la unidad y los de la delegación, manifestando aquellos que los soldados luchan por ellos y por el bien de Estonia. También aquí se entregaron regalos y los jóvenes soldados pidieron llevar saludos a su patria, cantando juntos el himno nacional. Llegados a este punto, no podemos dejar de mencionar el árbol de Navidad y las palabras pronunciadas por uno de los propios hombres, que resumen mejor el ambiente de la Navidad de 1943: ´Los soldados son como niños: eso nos dijo el sacerdote en la homilía de Navidad. Somos realmente niños, porque sólo un niño puede sentir la alegría sincera de la Navidad como la sentimos nosotros. Vuestras canciones se quedarán aquí y los regalos también. Creasteis nuevos vínculos inquebrantables entre la patria y el frente, por lo que os estamos agradecidos. Esta gratitud a menudo se ve eclipsada por nuestro frío carácter norteño y nuestra disciplina militar, pero debéis saber que lo que trajisteis de nuestra tierra natal al frente para alegrar las fiestas vino de vuestro corazón y llegó a nuestro corazón. Fue la Navidad más hermosa para todos nosotros´».

Uniformidad de los Grupos de Seguridad y Ost-bataillone

Guerrera de campaña (*Feldbluse*) modelo 1943. Véase que los bolsillos carecen del fruncido central, el cuello y las hombreras eran del mismo color que el resto de la prenda y el color *feldgrau* tendía al gris.

mán, vistiendo los estonios y el resto de fuerzas orientales las mismas prendas que el *Heer*: botas, pantalones, guerreras, prendas de cabeza, prendas de abrigo, etc... Cuando se instituyó la uniformidad reglamentaria en 1943, las unidades orientales también la recibieron: *Feldbluse Mod. 43* y el pantalón correspondiente, incluyendo la gorra de campaña con visera Mod. 43. En la manga derecha (y a veces en la izquierda), como insignia de nacionalidad, llevaban un escudo con los colores de la bandera estonia, en la mayoría de los casos sin los tres leones del escudo nacional, y en otras con dichos tres felinos sobre los colores. También podían llevar insignias y condecoraciones ganadas en el período de independencia, así como condecoraciones alemanas obtenidas en la campaña en la que participaban.

Inicialmente, los grupos de seguridad estonios adscritos al 18º Ejército alemán, fueron dotados de uniformes alemanes del *Heer*, sin emblema nacional (águila de pecho) ni parches en el cuello. Concretamente, se trataba de la tan conocida guerrera de servicio Mod. 1936 (*Heeres Dienstanzug Mod. 36*), que formó parte —con varias modificaciones—, del uniforme del soldado alemán durante toda la Segunda Guerra Mundial. A medida que pasaba el tiempo y las unidades de seguridad se regularizaban, de alguna manera se suavizó la estricta observancia de las restricciones impuestas en su uniformidad, viéndose a partir del verano-otoño de 1942, guerreras del *Heer* con águila y parches de cuello, en poder de soldados estonios de los grupos, mezcladas con otras que no tenían estos elementos. Cuando los grupos de seguridad se convirtieron en *Ost-Bataillone*, en octubre de 1942, la uniformidad ya no se separaba prácticamente nada de los cánones empleados por el propio ejército de tierra ale-

La «Legión Estonia»

«Punto de inscripción para voluntarios de la Legión Estonia». Dos estonios se paran ante el cartel que anuncia un lugar de reclutamiento de voluntarios para la llamada «Legión Estonia». Se trataba de una unidad tipo regimiento, integrada en la *Waffen SS*, del mismo estilo que otras formadas en varios países europeos como Finlandia, Bélgica, Holanda, Noruega o Dinamarca.

La formación de unidades *Waffen SS* estonias y letonas ya se discutió en el otoño de 1941, al finalizar la ocupación alemana de ambos territorios, aunque contó con la oposición tanto de los dirigentes de la SS como del ministerio de los Territorios Ocupados de Alfred Rosenberg.

En el verano de 1942, los planes abandonados el año anterior tomaron otros derroteros. La guerra en el frente ruso se había prolongado más de lo previsto y cada vez se necesitaban más hombres para combatir en el frente. Al mismo tiempo, tanto los contratos anuales de los miembros de los grupos de seguridad estonios como los semestrales de los soldados de los batallones *Schutzmannschaft* estaban llegando a su fin.

Pese a que el OKW necesitaba mantener estas unidades en su seno –hay que recordar que los *Schutzmannschafts-Bataillone* también dependían operativamente de las divisiones de seguridad de la *Wehrmacht*–, muchos estonios encuadrados en ellas no tenían ningún aliente para continuar, y la mayoría deseaba abandonar el servicio pues se sentían tratados como soldados de segunda categoría. Además, el equipamiento y las condiciones de vida eran bastante deficientes, y los estonios lo que ansiaban era luchar contra los comunistas integrados en un «ejército nacional» a las órdenes de sus propios oficiales estonios. Aún así, la *Wehrmacht* intentó con todas sus fuerzas impedir que los hombres abandonaran los batallones.

En el primer aniversario de la liberación de Tallin, el 28 de agosto de 1942, se dio permiso para formar la llamada «Legión de Voluntarios de las SS de Estonia», abreviadamente, «Legión Estonia». Se suponía que al menos una parte de los hombres que habían servido anteriormente en grupos de seguridad y batallones *Schutzmannschaft* se unirían voluntariamente a la «Legión»; los pronósticos se vieron confirmados. En aquel momento, el objetivo de Himmler era integrar a los voluntarios germánicos (valones, flamencos, holandeses, daneses, noruegos y suecos), así como a los estonios y letones, en la fuerza de élite de las SS: la *Waffen SS*. Un texto de época rezaba así:

Esta unidad militar estonia está formada por los mejores voluntarios de este país. Se forma según las órdenes del *SS-Reichsführer*, de quien depende como parte de la *Waffen SS*. Con esto, la Legión Estonia se alineará ahora junto con las legiones o regimientos de Finlandia, Suecia, Noruega, Dinamarca, Holanda y Bélgica para una lucha común por la nueva Europa. Los jóvenes estonios tienen la oportunidad de lograr altos honores militares en sus propias unidades y luchar por el derecho a una vida privilegiada más adelante en tiempos de paz. Al mismo tiempo, se garantiza el mantenimiento de sus familias.

Un buen número de voluntarios procedían del batallón de policía «Ostland», y también de antiguos miembros de los grupos de seguridad y batallones *Schutzmannschaft*.

El entrenamiento tuvo lugar en Polonia, en un campo de maniobras situado en las cercanías de la ciudad de Debica, próxima a Cracovia. A principios de noviem-

«El orgullo de Estonia. Legionario de Estonia». Cartel de propaganda de la «Legión Estonia».

CAMPO DE ENTRENAMIENTO MILITAR DE LAS SS «DEBICA/HEIDELAGER»

La «Legión Estonia» se formó en en el campamento «Debica» (sería rebautizado «Heidelager» el 15 de marzo de 1943), una zona de entrenamiento construida al sureste de Polonia, a unos 60 km de la frontera checa. Su construcción comenzó el 26 de junio de 1940 y estuvo disponible a partir de la primavera de 1941. «Heidelager», debe su nombre a los bosques de brezales que abundan en esta zona. Allí se construyeron barracas bajas tipo cuartel, que se convirtieron en alojamiento para los hombres durante seis largos meses. Las casas

y cuarteles del campo estaban ubicados en círculos concéntricos, cada círculo tenía una función: residencias de oficiales, cuarteles e instituciones culturales, almacenes... El campamento era como un pequeño pueblo. Cada barracón estaba dividido a la mitad por un pasillo, y tenía dormitorios, aulas, cuartos de servicio y oficinas. Cada compañía ocupaba tres barracones. Las habitaciones tenían literas triples, armarios, taburetes y una mesa grande. Una pequeña estufa proporcionaba calor. En los cuartos de baño sólo había agua fría.

Un tren está preparado para llevar a los nuevos reclutas de la «Legión Estonia», procedentes de Parnü, al campo de entrenamiento de las SS situado cerca de la población polaca de Debica. Numerosas inscripciones en el vagón, no dejan lugar a la duda del origen y el destino.

bre de 1942, llegaron desde Praga 89 instructores del Regimiento SS *Deutschland* para entrenar a los nuevos estonios incorporados.

Sin embargo, algunos hombres también fueron enviados a la escuela de aspirantes a oficial de las SS, en Bad Tölz, así como a escuelas de suboficiales y especialistas.

La «Legión Estonia» se formó el 1 de octubre de 1942 con la estructura de un regimiento de las SS. Inicialmente sólo había hombres para formar y entrenar un batallón, que prestaría juramento el 13 de febrero de 1943, siendo bautizado como Batallón de Infantería Motorizada SS *Narva*.

NECESIDAD DE RECLUTAMIENTO PARA LA «LEGIÓN ESTONIA»

El 3 de marzo de 1943 se celebró una reunión de estudiantes en Tartu, donde el jefe de la Policía de Seguridad de Estonia, Ain-Ervin Mere, pronunció un largo discurso llamando a los estudiantes a unirse a la «Legión Estonia». Al día siguiente se publicó el discurso, del que extractamos unos párrafos: «La lucha actual es una continuación de nuestra Guerra de Independencia, la misma lucha por el pueblo y la patria. [...] Sin embargo, el deseo del corazón del pueblo estonio era establecer su propia unidad militar nacional. Este deseo se ha cumplido gracias al reconocimiento y la confianza del líder del Estado alemán y de las autoridades estatales del pueblo

Hauptsturmführer Ain-Ervin Mere

estonio, mediante la creación de la Legión Estonia. [...] Actualmente se está formando la Legión de Estonia, que es y seguirá siendo una parte integral de la nación estonia. A través de esta legión, la nación estonia se une a la familia de naciones que luchan contra el comunismo como iguales. Por lo tanto, contribuir a la creación de la legión y unirse a sus filas no es sólo un deber honorable de todo estonio, sino también una necesidad inevitable para asegurar el futuro de nuestra nación. [...-] Hacemos un llamamiento a todos los hombres estonios que puedan portar armas, a luchar por la defensa de su país y de su pueblo en las filas de la Legión Nacional de Estonia.

En cualquier caso, el reclutamiento de voluntarios para la «Legión Estonia» no satisfizo inicialmente la necesidad de personal para completar la unidad, por lo que se intensificó la propaganda en todo el territorio de Estonia, constituyendo en este sentido, la llamada «Sociedad de Amigos de la Legión Estonia».

La obligación forzosa de trabajar en los territorios ocupados, impuesta por el ministro Alfred Rosenberg el 19 de diciembre de 1942, e implementada por el Comisariado «Ostland» entre enero y febrero de 1943, fue un revulsivo para la falta de voluntarios pues aquellos que ingresaban en la «Legión Estonia», quedaban exentos de la obligación de trabajar. De esta manera, en poco más de dos meses, más de 5000 jóvenes, nacidos entre 1919 y 1924, entraron a formar parte de la unidad militar estonia.

Formación en el campamento de Heidelager, de los reclutas de la «Legión Estonia».

El 23 de marzo de 1943, una vez finalizado el entrenamiento, el Batallón «Narva» fue separado de la «Legión Estonia» y su-

Campamento Heidelager (antiguo Debica, Polonia), 6 de junio de 1943. Voluntarios de la Legión Estonia se fotografían en la entrada a uno de los barracones del campamento con sus instructores alemanes. Los que llevan runas de las SS en el cuello, son alemanes. Se aprecia que los estonios, o bien no tienen runas en el parche derecho del cuello, o ni siquiera llevan parches.

bordinado a la División Panzer SS «*Wiking*», siendo enviado a Ucrania, donde combatía esa unidad. El batallón contaba con 973 hombres, de los que 776 eran estonios y el resto, alemanes. Este batallón estonio de la *Waffen SS*, sustituiría en la División «Wiking» al batallón finlandés, que regresó a su país por aquellas fechas.

El 1 de mayo de 1943, la «Legión Estonia» tenía ya en sus filas más de 7000 hombres, que se integraron en dos regimientos de infantería (inicialmente numerados como 1 y 2). Cuatro días después, el 5 de mayo, Hans Jüttner, jefe de la oficina principal del mando de la SS, ordenaba la formación de que sería «Brigada SS de Voluntarios de Estonia», y que en octubre de ese mismo año, pasaría a denominarse «3ª Brigada SS de Voluntarios de Estonia».

La brigada se formó un mes y medio después de que el Batallón «Narva» fuera enviado al frente integrado en la División SS «Wiking». Componían la brigada estonia dos regimientos de granaderos, formado cada uno de ellos por dos batallones. Cada batallón disponía de cuatro compañías de fusiles, una de cañones de acompañamiento, una antitanque y una de zapadores. La brigada también contaba con un grupo de artillería de campaña, otro antiaéreo y una compañía de transmisiones. La composición prevista de la «Brigada SS de Voluntarios de Estonia» era de 7253 hombres, y para mandarla se mantuvo al jefe de la «Legión Estonia», el *Standartenführer* Franz Augsberger, disponiendo de un estado mayor compuesto casi exclusivamente por oficiales alemanes. Sólo los comandantes de regimiento y batallón eran estonios.

Los primeros contingentes de voluntarios comenzaron a llegar a Debica, el campo de entrenamiento de la *Waffen SS*, en septiembre de 1942. Primero llegó un grupo de Pskov y otro de alemanes bálticos del Batallón de Policía «*Ostland*», desde Kiev. Otro grupo de hombres salió de Tallin el 6 de octubre, al que siguió un nuevo contingente de 70 a 80 hombres cada semana. Los civiles viajaban con la ropa que tenían, pero los que procedían de unidades militares estaban equipados con algún tipo de uniforme. Había uniformes del ejército, de la Liga de Defensa y de la policía estonios e, incluso, se podían ver también uniformes letones y del *Heer* alemán. El viaje hasta Debica solía durar tres o cuatro días, aunque alguno tardó más pues quedó rezagado en alguna estación. A veces pasaban varios días hasta que aparecían los «hijos pródigos», pero al final, todos los inscritos se incorporaron a la unidad. El teniente Paul Maitla fue designado jefe temporal de la formación, y como ayudante se nombró al también teniente Elmar Silm, ambos del primer grupo de 113 hombres procedente de Pskov. Más tarde llegarían los instructores alemanes, procedentes del Regimiento «*Deutschland*». Uno de los oficiales instructores, el teniente Schmidt, austriaco y amante de los deportes, era muy duro en la instrucción, pero muy amable y cercano fuera de su materia. Todo lo contrario ocurría con el alférez Herbert Fiala, quien nos llegó a arrestar a todos. Las noches que estaba de guardia, inspeccionaba los dormitorios y siempre encontraba algo por lo que castigarnos. El médico jefe del batallón, Dr. Werner Laumann, nos llamaba «cantantes de la libertad», pues esta palabra aparecía a menudo en las canciones estonias. Por las noches, los profesores alemanes nos enseñaban canciones típicas alemanas. «Erika», «Lili Marleen», «Westerland» y otras, canciones que quedaron grabadas en nuestra memoria. Cuando se consideró suficiente la práctica de ejercicios deportivos, nos entregaron armas y comenzaron los ejercicios con fuego real. La asignación de los reclutass a cada compañía era muy peculiar, se hacía según el principio del mercado de esclavos: todos los hombres se ponían en fila y luego los jefes de compañía se turnaban para seleccionar a los hombres. En octubre, el teniente coronel Franz Augsberger fue nombrado

TÕUSKEM VÕITLUSEHS!

jefe del 1º Regimiento de la Legión Estonia, poco después llegaría nuestro comandante de batallón, el capitán Georg Eberhardt. En noviembre llegaron suboficiales y especialistas de la División «*Deutschland*» y luego, además de los ejercicios de orden cerrado, comenzaron también los ejercicios con armamento. Por orden del 12 de octubre de 1942, se asignaron tres compañías de fusileros al batallón, y una cuarta de armas pesadas. Entrenó también una quinta compañía independiente del batallón, al mando del alférez Fiala. Se ordenó iniciar inmediatamente un entrenamiento intensivo para tener el batallón listo para maniobras y ejercicios de tiro real para la última semana de febrero. A principios de diciembre llegarían otros 97 instructores alemanes y un gran grupo de suboficiales estonios fue enviado a cursos de actualización, y en enero muchos reclutas fueron enviados a unidades de entrenamiento especial. Hasta Navidad, el entrenamiento se realizaba únicamente con armas ligeras: fusiles, pistolas y subfusiles. Pero los últimos días de diciembre llegaron ametralladoras ligeras y pesadas, lanzagranadas, telémetros, cañones antitanques y de acompañamiento de infantería. Entonces comenzó una nueva formación: no se desperdició ni un solo minuto. Se puso mucho énfasis en la capacidad de explotar las posibilidades de cada arma. Los ejercicios tanto en el terreno como en las clases fueron realizados por pelotones y secciones. Dado que cada arma era estudiada por tres o cuatro hombres, había una permanente actividad; no había tiempo para despistarse. Era todo muy repetitivo y al final se volvía aburrido, pero cuando llegaba el momento de las competiciones, incluso a muchos les empezó a gustar. Pero no todo era estudio y práctica, un soldado también necesita esparcimiento. Había un cine y una cantina, además de una biblioteca y una sala de teatro donde actuaban compañías invitadas. Los estonios preferían la cantina, que era frecuentada principalmente en días festivos. La cerveza no era de alta calidad, pero sí lo suficientemente buena para un soldado. Cuando se juntaban los estonios en la cantina, el ánimo mejoraba rápidamente y se cantaban canciones estonias. En ocasiones los alemanes se burlaban de nuestras canciones o se quejaban de que los camareros polacos siempre nos servían primero a los reclutas estonios. Esto provocó algunos enfrentamientos y peleas. A principios de año llegaron los primeros vehículos y comenzaron los cursos de motos. De hecho, el primer curso para conductores comenzó ya en diciembre: el batallón necesitaba muchos conductores. Prestar juramento militar es el evento más solemne para un joven soldado. El nuestro tuvo lugar el 13 de febrero de 1943. en una tarde gris y brumosa. El batallón se alineó en el campo de entrenamiento, frente a la tribuna cubierta con la bandera de las SS. Junto a él estaban colocados un lanzagranadas, una ametralladora pesada y fusiles, símbolos de nuestra futura guerra. Cuando el batallón estuvo formado y la bandera con la esvástica fue izada en el mástil colocado en el campo de entrenamiento, una pregunta recorrió las filas de los reclutas: ¿Dónde está la bandera de Estonia? El revuelo entre los hombres no pasó desapercibido para los organizadores de la ceremonia de juramento. Poco antes de que llegara el comandante del regimiento, alguien se dio prisa en fijar la enseña tricolor estonia en un poste en el centro del campo. No quedó claro quién trajo la bandera y de donde la sacó, nadie lo supo. Llovía a cántaros. Los cascos de los estonios brillaban bajo la lluvia. El contraste más marcado lo formaban las caras fuertemente cortadas debajo del borde del casco. Sabían por qué estaban en aquel lugar, en aquél preciso momento: estaban allí en defensa del derecho a la vida de su pueblo, y a ello estarían obligados por el juramento que se prestaría de inmediato, que los unirá en el gran frente de combate.

En 1943 se unieron a la Legión Estonia los coroneles Johannes Soodla –comandante-jefe de los Ferrocarriles de Estonia– y Henn-Ants Kurg –que sirvió en el *Abwehr* y dirigió la unidad «Erna» en 1941–, y también el jefe de la Policía de Seguridad de Estonia, el mayor Ain-Ervin Mere.

El coronel Soodla, que al principio fue nombrado comandante del nuevo 42º Regimiento de Granaderos de la Brigada SS de Estonia, fue nombrado Inspector General de la Legión Estonia el 10 de octubre de 1943 y ascendido a *SS Oberführer*. En su lugar, como jefe del 42º Regimiento, fue nombrado el coronel Henn-Ants Kurg, quien sufrió un derrame cerebral en diciembre de 1943, permaneciendo en un hospital de Tallin, donde se recuperó, aunque poco después moriría de un problema hepático. En su lugar fue nombrado el mayor Paul Vent.

Coronel Johannes Soodla con uniforme del Ejército estonio.

El Batallón «Narva» de la «Legión Estonia»

Cuando se abrieron las oficinas para inscribirse en la «Legión Estonia», hubo una primera avalancha de jóvenes que acudieron sin pestañear. Fueron pocos, pues no llegaron a mil, y la mayoría de ellos, antiguos miembros del Movimiento Luchadores por la Libertad (VAPS). Con este primer contingente se formó el primer batallón de lo que sería la «Legión», marchando los reclutas en tren al campamento de entrenamiento que la *Waffen SS* tenía en Polonia oriental, muy cerca de la ciudad de Debica. Inicialmente, el jefe del entrenamiento era el teniente Paul Maitla, aunque más tarde llegaron oficiales y suboficiales alemanes de la Waffen SS para realizar esta misión. También se agregaron a la unidad parte de los alemanes bálticos que, originalmente, sirvieron en el batallón de policía «Ostland» en Kiev y varios de los estonios que emigraron a Alemania en 1941 debido a la ocupación soviética. La tropa de infantería se entrenó en Debica, pero los oficiales estonios (80 hombres)

fueron enviados a un curso de entrenamiento de las SS en la escuela militar de Bad Tölz, los suboficiales fueron a la escuela militar de las SS de Poznan, los de transmisiones fueron enviados a Potsdam y los antitanques, a la escuela militar de Hilversum en Holanda. Por orden del comandante de la Legión Estonia –*Obersturmbannführer* Franz Augsberger– el batallón debería estar preparado en febrero de 1943, celebrándose la ceremonia de del juramento de la tropa estonia el 13 de ese mismo mes. El 23 de marzo, el batallón fue separado de la «Legión», pasando a denominarse «Bata-

Suboficial estonio del Batallón «Narva», Vilis Lindmae. Lleva en la bocamanga izquierda la cinta de la División «Wiking» de la Waffen SS.

jefe de la división, *Obergruppenführer* Otto Gille, y su jefe, el *Sturmbannführer* Eberhardt, muerto en combate, la *Ritterkreuz*. En agosto el batallón participó en la batalla de Hadnitsa, cerca de Járkov, logrando resistir el ataque principal del Ejército Rojo y permanecer en sus posiciones, recibiendo otras 45 EK-II y EK-I. Al terminar la batalla, el Batallón «Narva» sólo tenía 157 hombres. Pese al continuo reemplazo de bajas, los durísimos combates hicieron

llón de Granaderos Blindados Voluntarios de las SS «Narva» (Estonia)», y fue enviado al frente integrado en el Grupo de Ejércitos Sur. El primer comandante del Batallón «Narva» fue el *Hauptsturmführer* Georg Eberhardt. En ese momento, el batallón estaba formado por casi 1000 hombres, de los cuales el 80% eran estonios y el resto, alemanes. El 4 de abril, el batallón fue asignado a la División «Wiking», para cubrir el hueco dejado por el batallón de las SS finés, que había regresado a Finlandia por razones políticas. Hasta mediados de julio de 1943 se llevó a cabo un entrenamiento específico en las inmediaciones del frente. En el verano de 1943 tuvo lugar la Operación «Ciudadela», con el fin de eliminar el saliente soviético en la cuenca del río Donets, que amenazaba el operativo alemán. Los contraataques soviéticos fueron tan brutales que el 18 de julio la 5ª División de Granaderos Panzer SS «Wiking» fue trasladada desde la reserva del Grupo de Ejércitos para detener la marea roja. Los estonios del Batallón «Narva» fueron enviados a la ciudad de Izium –al sureste de Járkov–, en el extremo sur de la línea del frente, para resistir hasta que los relevaran. El comportamiento del batallón fue increíble, resistiendo el ataque de más de 20 000 hombres y 115 carros de combate, causando más de 9000 bajas a los soviéticos, y destruyendo una treintena de carros de combate. Los estonios recibieron 35 EK-II y cuatro EK-I, impuestas por el

que la unidad se resintiera, recibiendo un contingente de 500 hombres en el mes de diciembre de 1943. A principios de enero de 1944 el batallón estonio tomó parte en las batallas del bosque de Irdoni (al sur del río del mismo nombre), y a finales del mismo mes, estuvieron combatiendo en la llamada Bolsa de Cherkassy, donde los soviéticos cercaron al 8º Ejército alemán –unos 56 000 hombres–. El batallón logró romper el cerco, junto a otras fuerzas del XI Cuerpo de Ejército, a costa de numerosas bajas, actuando como punta de lanza de la División «Wiking», quedando únicamente un centenar de hombres ilesos. El 20 de marzo de 1944, los 174 supervivientes del Batallón «Narva» regresaron a Tallin, donde fueron recibidos con honores. De inmediato se reconstituyó el batallón, y esta vez sería integrado en la 20º División de Granaderos SS como «20º Batallón de Fusileros», siendo enviado a las cercanías de Khera (condado de Harju) para su entrenamiento. Con cerca de 600 hombres, el batallón fue enviado al frente el 4 de junio de 1944, dotado de tres compañías de fusiles y una de armas pesadas. Participó en todas las batallas en territorio de Estonia, como la de Auvere y la de las colinas azules (Sinimägede), en julio de 1944, la retirada a la Línea «Tannenberg» y la batalla de Porkun, en agosto y septiembre de 1944. En esta fecha, la unidad se disolvió, siendo enviada a Polonia para su reconstitución.

STURMBANNFÜHRER GEORG EBERHARDT, JEFE DEL BATALLÓN «NARVA»

Georg Eberhardt nació el 27 de febrero de 1914 en Bad Frankenhausen. Tras terminar sus estudios, se presentó voluntario a la *Allgemeine SS* en noviembre de 1932. Fue seleccionado para oficial y destinado a la *SS-Junkerschule* en Bad Tölz y después de graduarse fue ascendido a *Untersturmführer* en abril de 1936, permaneciendo en Bad Tölz como instructor jefe de sección. Ascendería a *Obersturmführer* en septiembre de 1938 y en diciembre fue destinado al estado mayor del *Reichführer-SS*, Heinrich Himmler. Tras la Operación «Barbarroja», Eberhardt se integró en la División SS «Wiking», siendo jefe de compañía en los regimientos «*Nordland*» y «*Westland*». En octubre de 1942 fue ascendido a *Hauptsturmführer* y dos meses después, el 19 de diciembre, recibió el mando del recién creado primer batallón de la «Legión Estonia». El 13 de febrero de 1943 el batallón pasó a llamarse *SS-Freiwilligen-Pan-zergrenadier-Batallion Narwa* y fue enviado al Frente Oriental, integrado en la *SS-Panzergrenadier-Division* «*Wiking*». Eberhardt ascendió a *Sturmbannführer* en mayo de 1943. El batallón se desplegó en la zona de Izjum el 19 de julio y Eberhardt murió el 21 de julio de 1943 mientras intentaba salvar a un soldado estonio herido, llevándolo a un lugar seguro. Recibió a título póstumo la *Ritterkreuz* por las acciones de su batallón durante los combates entre el 19 y el 21 de julio. El *Sturmbannführer* Eberhardt era muy querido entre los voluntarios estonios. Edgar Reiman escribió sobre su jefe: «*Nuestro comandante de batallón era un hombre con unos nervios tan fríos que incluso se movía entre los tanques enemigos como si recogiera setas, con la única diferencia de que en lugar de llevar una cesta de setas, llevaba una mina magnética. Nunca antes había conocido a un hombre tan valiente. ¡Ni siquiera llevaba casco!*»

Para mandar el 43º Regimiento de Granaderos fue nombrado el coronel Juhan Tuuling, y el grupo de artillería se le otorgó al *Major* Aleksander Sobolev, antiguo comandante del 39º Batallón *Schutzmannschaft*.

Tras un entrenamiento de casi ocho meses, el 24 de octubre de 1943, la brigada fue enviada a la región de Nevel para luchar contra los partisanos, quedando subordinada al grupo operativo del *Obergruppen-führer SS* Friedrich Jeckeln.

El 31 de diciembre de 1943, la 3ª Brigada SS de Voluntarios de Estonia tenía 5100 hombres desplegados en el frente.

Arriba. El coronel Henn-Ants Kurg como jefe del 42º Regimieto SS de la Legión Estonia.

Abajo, izquierda. El Mayor Ain-Ervin Mere, fotografiado en su despacho cuando era jefe de la policía de seguridad de Estonia.

La batalla de Izjum y el Batallón «Narva»

Durante la defensa contra los intentos de penetración rusos a lo largo del curso medio del río Donetz (al oeste de Izjum), el batallón estonio «Narva» fue desplegado para defender el sector norte de Andrejewka en la tarde del 18 de julio de 1943. Esta sería la primera operación militar del batallón, que se había creado en el otoño de 1942 con voluntarios estonios. Entre el 19 y el 21 de julio de 1943, el enemigo atacó todo el sector al oeste de Izjum con un fuerte apoyo de aviación, artillería, cohetes, armas pesadas de infantería y numerosos carros de combate. El principal esfuerzo del avance enemigo se llevó a cabo desde la cabeza de puente de Semenowka con dos divisiones de infantería y una brigada de tanques, y se dirigió en dirección sur contra el sector defendido por el batallón estonio. En el transcurso de una heroica batalla, el batallón repelió todos los ataques del enemigo, que se dirigieron contra sus posiciones de forma constante durante tres días. La mayoría de estos ataques enemigos fueron aplastados mediante contraataques inmediatos. También fueron destruidos 34 tanques, la mayor parte de ellos en combate cuerpo a cuerpo. El alma de la resistencia del batallón fue su comandante, el *Sturmbannführer* Eberhardt. Fue él quien trabajó incansablemente para crear, entrenar y unir este batallón. Cumpliendo con su deber

hasta el final, dirigió personalmente los contraataques decisivos, demostrando una valentía extraordinaria y una rápida iniciativa. Su actitud durante el primer ataque blindado ruso fue decisiva para la futura firmeza de sus jóvenes tropas. En este enfrentamiento, él mismo saltó sobre uno de los primeros tanques enemigos y lo destruyó con una mina magnética. A las 03:00 h del 21 de julio de 1943, el enemigo logró capturar la vital colina 192.4 mediante un ataque sorpresa. El *Sturmbannführer* Eberhardt taponó el punto de penetración con soldados estonios y expulsó al enemigo en un contraataque. A las 12:30 h del mismo día, el enemigo penetró en el sector de la 1ª Compañía, una unidad que en aquel momento había perdido a todos sus oficiales y casi todos sus suboficiales alemanes. El *Sturmbannführer* Eberhardt reunió un puñado de reservas disponibles y rechazó al enemigo en un contraataque. Fue, precisamente en esta acción cuando, al mando de sus estonios, cayó en combate el jefe del batallón, intentando ayudar a uno de sus hombres. A pesar de las grandes pérdidas y de la acción enemiga, el batallón mantuvo su posición ordenada. Los rusos suspendieron sus ataques el 21 de julio de 1943 debido a las grandes pérdidas que habían sufrido.

KÜLMAVERELISELT JA
VAPRALT KAITSEB
EESTLANE KODUMAAD

Cartel propagandístico de la Legión Letona: «De sangre fría y valiente, el estonio protege su patria»

SS-BRIGADEFÜHRER FRANZ AUGSBERGER

Nacido en Austria en 1905, Franz Xaver Augsberger se unió a la *Sturmabteilung* (SA) y al Partido Nazi (NSDAP) en 1930. Estuvo a cargo de la propaganda del NSDAP hasta junio de 1933, cuando el partido nazi fue declarado ilegal en Austria. Entonces Augsberger se trasladó a Alemania y se unió a la *Schutzstaffel* (SS). El 1 de octubre de 1934, Augsberger se unió a la *SS-Verfügungstruppe*, y se convirtió en jefe de sección. En marzo de 1935 fue enviado a la *SS-Führerschule* (escuela de aspirantes a oficiales) de Braunschweig, siendo nombrado *Hauptscharführer* el 1 de abril de ese mismo año.

Terminó su curso para oficial en 1937 y tras recibir entrenamiento adicional, regresó a la escuela de Braunschweig, donde se convirtió en instructor de nuevos aspirantes a oficial de las SS, trasladándose un año después a la escuela de oficiales de las SS en Bad Tölz, donde estuvo hasta febrero de 1939. A principios de marzo, Franz Augsberger fue trasladado al *SS-Standarte «Der Führer»*, donde permaneció seis meses, hasta finales de julio. El 1 de agosto de 1939 fue asignado temporalmente a un puesto de mando de la *Allgemeine-SS* en Villach, con el rango de *SS-Sturmbannführer*. El 21 de marzo de 1940 volvería a su destino anterior, en el regimiento *«Der Führer»*, donde ascendió a *SS-Obersturmbannführer*, que correspondería a su rango en la *Waffen SS*. Augsberger fue nombrado comandante de un regimiento en la 6ª División de Montaña SS *«Nord»*. En mayo de 1942 se le concedió la Cruz Alemana de Oro y fue destinado a la *SS-Übungslager Debica*, donde se organizaba la nueva unidad estonia. Pronto se convirtió en comandante oficial de la «Legión Estonia», que tenía entidad regimental. Cuando se ordenó la formación de la llamada «Brigada SS de Voluntarios de Estonia» (que en octubre de 1943, pasaría a ser la «3ª Brigada SS de Voluntarios de Estonia»), Ausberger se convirtió en el jefe de la brigada. En 1944, la unidad creció, formándose la 20ª División de Granaderos *Waffen SS* (1ª Estonia) y Augsberger recibió su último ascenso a *SS-Brigadeführer* y *Generalmajor der Waffen-SS*, manteniéndose como comandante de la unidad en la larga retirada de las fuerzas alemanas en el Frente Oriental. A principios de marzo de 1945, el *Generalfeldmarschall* Ferdinand Schörner le concedió la *Ritterkreuz*. El 19 de marzo, Augsberger murió en combate como resultado de la explosión de un proyectil en Neustadt, Oberschlesien.